我的生命力课堂

——核心素养下高中物理的课堂教学研究

谢　龙◎著

湘潭大学出版社
XIANGTAN UNIVERSITY PRESS

图书在版编目（CIP）数据

我的生命力课堂 ：核心素养下高中物理的课堂教学研究 / 谢龙著. -- 湘潭 ：湘潭大学出版社，2023.6
ISBN 978-7-5687-1137-1

Ⅰ. ①我… Ⅱ. ①谢… Ⅲ. ①中学物理课—课堂教学—教学研究—高中 Ⅳ. ①G633.72

中国国家版本馆 CIP 数据核字（2023）第 096729 号

我的生命力课堂 ：核心素养下高中物理的课堂教学研究

WO DE SHENGMINGLI KETANG : HEXIN SUYANG XIA GAOZHONG WULI DE KETANG JIAOXUE YANJIU

谢龙 著

责任编辑：罗 联
封面设计：李 平
出版发行：湘潭大学出版社
社　　址：湖南省湘潭大学工程训练大楼
电　　话：0731-58298960 0731-58298966（传真）
邮　　编：411105
网　　址：http://press.xtu.edu.cn/
印　　刷：长沙创峰印务有限公司
经　　销：湖南省新华书店
开　　本：710 mm×1000 mm 1/16
印　　张：11.25
字　　数：202 千字
版　　次：2023 年 6 月第 1 版
印　　次：2023 年 6 月第 1 次印刷
书　　号：ISBN 978-7-5687-1137-1
定　　价：58.00 元

目　录

第一章　物理学科核心素养

第一节　核心素养的提出

一、素养

汉字研究者流沙河把“素”解释为：绒成的帛，色白净，质密致，曰素。素是布的本色，是天然、原本之色。我们对“素”并不陌生，如元素，这是自然界一切实在物体最基本的成分；素怀，即本心；素材，生活中没有经过总结提炼的形象，文学、艺术的原始材料。“素”是万事万物所拥有的天生潜能的本质本色。“养”从生命孕育时开始，贯穿成长始终。“养”字背后暗藏着一段持久的关照与付出，需要投入意念、情感与时间，是一个不断给予、内化、凝聚、外显并实践的过程。

素养，即在个体天生潜能的基础上，在漫长的时光中，通过修习、内省、涵养而散发出的独特的精神气度。素质启脑，而素养启心，素养首先对人性、人格提出了要求。由此可见，素养是一个人内在的稳定的品质，是一种内在的生命涵养，是倾向于心灵范畴的独特类别，是综合了知识、能力、行为习惯等各方面人格特征的集中反映。素养的概念，与中国传统文化相贯通，有研究者将素养界定为：素养是人在特定情境中综合运用知识、技能和态度解决问题的高级能力与人性能力。这是沿承教育理论及西方教育发展给出的界定，这种界定强调了高级能力（面对复杂情境时，明智又富有创造性的分析、决策、行动能力）及人性能力，强调素养要包括道德。从这点来看，中西方观点是共通的，也对素养形成了较为明晰的认识。

首先，素养肯定了个人的天赋的潜能，这是养的基础。其次，素养在养的过程中要有灵性，要重视对人性、人格的启迪，要强调人文关怀，要形成态度、养成道德。再者，形成的素养不是刻板的技术或知识，而是深刻又灵活的。素养是个人面对各类情境时的发散思维、多维判断与创造性解决。最后，只有通过学习并领悟、升华后形成的稳定的心理品质才能称之为素养。

二、核心素养

“核心素养”是在时代与科技变革、经济与社会发展及教育自身的发展驱动下产生的。素养是在天赋的基础上，持续生命历程的人性、能力、品质的发展，是可以不断生成并扩张的，是以动态的网络化的方式存在的，各种素养是素养体系的网络节点。核心，即中心，是事物之间关系的主要部分。从字面来看，核心素养即为众多素养中最中心、最基础、最关键的素养。由此可见，核心素养是素养网络中最关键的节点，联通了素养网络中的其他节点。因此，有研究者将核心素养界定为：核心素养是人适应信息时代和知识社会的需要，是解决复杂问题和适应不可预测情境的高级能力与人性能力。有研究者综合各个国家和地区及国际组织对核心素养概念内涵的界定，同时考虑到不同学科对核心素养的研究以及我国的现实需求和教育实际，将核心素养界定为：核心素养是学生在接受相应学段的教育过程中，逐渐形成的适应个人终身发展和社会发展需要的必备品格与关键能力。可以看出，前者对核心素养的定义揭示了“核心素养”这个概念提出的时代背景，并且特别强调了复杂问题和不可预测情境；后者是针对学生发展来定义核心素养的，强调人的终身发展和社会发展。

由以上阐述，我们必须认识到：核心素养是在先天潜能禀赋的基础上，通过接受教育等受后天环境的影响逐渐得以形成和发展的；核心素养既要适应个人终身发展的需求，又要满足社会发展的需要，同时具有个人价值和社会价值，是众多素养中的关键素养，具有基础性、关键性、连通性等特征；核心素养是必备品格与关键能力。品格，体现了人的基本素质，是个人生命的品质和价值，体现了个人整体的精神境界和高度；而关键能力是面向不同岗位、不同情境都可能改变的、富有创造性的分析、判断、决策、行动的能力。

在现代生活中，哪些素养才能称为核心素养？这个问题不能一概而论，不同的社会经济发展阶段、不同的文化特征以及不同的教育目标都会导致核心素养体系框架的差异。2013 年 5 月，我国基础教育和高等教育阶段学生核心素养总体框架研究拉开了帷幕，由林崇德教授牵头的研究团队，经过对核心素养的理论研究、学生核心素养的国际比较、教育政策研究、传统文化分析及课标分析，通过实证研究、专家研讨以及意见征询，终于在 2016 年 9 月形成了符合我国国情的、具有中国特色的学生发展核心素养体系总框架，如图 1-1 所示。

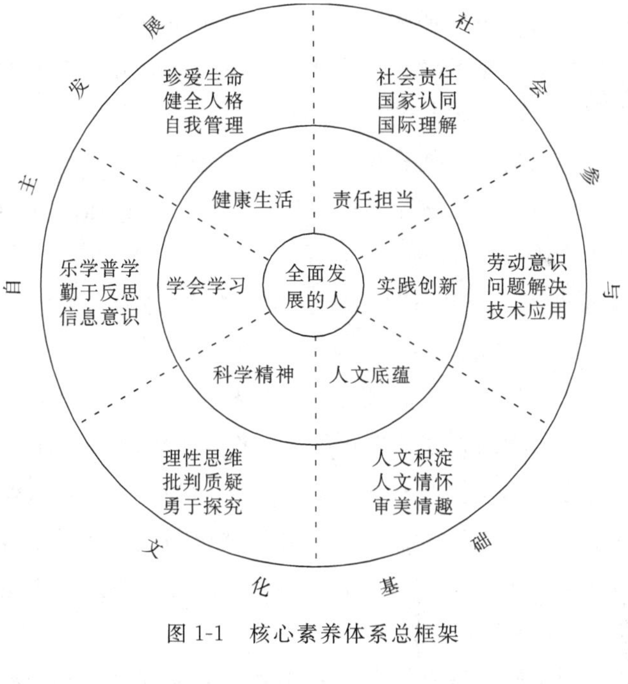

图 1-1　核心素养体系总框架

只有拥有健康的身体以及健康的心理，才能充满活力地、积极向上地进行自我发展及参与社会发展，而学会学习能保证个人在社会参与中不落伍、不过时，不断地充实自己、修习涵养，积淀人文底蕴、弘扬科学精神，又为自主发展及社会参与打下基础。文化基础是个体实现自主发展以及参与社会的必要基础，只有个体得到自主的发展并参与到社会中，才能实现自我价值与社会价值。个体的自主发展为社会参与和积淀文化提供了条件，故三者之间是相辅相成、相互成就的，最终的目的都指向全面发展的人。这三个方面、六大素养、十八个基本点，为制定各学段、各科目学习目标及课程标准指明了方向。

三、科学素养

我们身处科学的时代，科学对人类生活的重要性不言而喻。科学是人类通过各种技术手段去感知客观事物，在大量感性经验的基础上，运用理性思维去把握事物的本质，为认识社会、改造社会服务。科学对人类社会的功能主要体现在两个方面：一是精神性功能，科学作为一种社会意识形式，对人们的思想、观念产生积极的影响，从而改变人们的精神状态；二是物质性功能，科学通过技术对社会的经济、军事、教育、医疗等方方面面产生积极的影响，改变人们的生产生活方式。

在当前中学阶段的科学教育中，科学基本特指自然科学。通过科学教育培养学生的科学素养是当前国际科学教育的一个基本目标。21 世纪提出的科学素养包含了以下四个方面的内容：① 科学知识与技能；② 科学探究（过程、方法与能力）；③ 科学态度与价值观；④ 对科学、技术与社会关系的理解。

我们认为，掌握科学知识和技能及经历科学探究的过程，是为了让学生形成科学的观念及科学的思维，为参与社会打下思想基础，而在这些过程中，必然涉及人与人之间的交流与合作，对科学本质的认识、对科学与技术和社会之间关系的认识，又为学生参与社会打下情感基础，使学生在社会参与中能正确地对待身边的人、事、物，能以科学的观点、思路、方法解决生活中遇到的问题。

面对客观事物，经历科学探究与科学思维的交互作用，最终形成科学观念、科学态度，意识到自己参与社会、建设社会的责任，形成正确的人生观、世界观、价值观，并体现在自己的一言一行中，这就是科学的育人功能。应该注意的是，科学素养的四个方面都是以基本的知识技能为原料，是在丰富、深刻的科学知识储备，灵活、娴熟的基本技能的基础上建构起来的品质或能力。物理学是自然科学的基础学科、现代科学技术革命的先导，物理学科核心素养是学生科学素养的重要组成部分，是培养核心素养必须予以重视的内容。①

第二节 核心素养的意义

一、未来人才的核心技能

我们正处于一个不确定的时代，在这个复杂的时代里，一切都在变化和重塑着。人工智能的兴起、计算世界、新媒介生态、超级结构组织、全球互联网等推动着未来社会发生巨变。未来社会将具有以下特征：一是知识获取更加方便。智能机器人将逐步取代大量职位，职业日益碎片化或短期化，休闲时间增多，生活新需求多样化、高端化。二是知识融合愈加明显。创新能力、国际视野、跨文化领导力等元素日益重要。在这种情况下，无论是家庭教育还是社会教育，都要为未来人才准备这些发展理念和知识技能。三是未来社会（老龄化＋互联网＋机器人＋全球化）会催生很多新行业。老龄化是未来社会的重要特征，互联网是未来社会的典型标志，机器人将会加速全球化进程，同时，会催生很多新的行业，包括精准化服务、健康和养老、新型供应链、新教育等。

面对未来社会的巨变，如何才能顺应趋势成为领跑者？在未来社会中，具有下列十种技能将变得非常重要：一是意义构建；二是社交智能；三是新颖和适应性思维；四是跨文化能力；五是计算思维；六是新媒体素养；七是跨学科能力；八是设计思维；九是认知负荷管理；十是虚拟协作。

只要有价值都可以合作共享，未来的市场将通过资源共享形成一个共同体。因此，我们有理由认为，在未来人口中，10％的人将成为专业精英，他们可以给人类带来很多新的发现和新的发明；可能有20％的人成为行业精英

---

① 北京物理学会高中物理专题组．高中物理教学深层研究［M］．北京：首都师范大学出版社，2013．

和业内领袖，这些人将引领未来的产业和行业。

随着知识经济、全球化和信息社会的快速发展，传统的以知识为核心的人才素质结构已越来越难以满足未来社会的发展需求。培养学生具有21世纪的核心技能是当今国际教育发展的重要趋势。那么，21世纪的核心技能究竟是什么？不同的学者有不同的界定。哈佛大学的Fernando Reimers认为，21世纪的核心技能包括认识技能、自我技能和人际技能三部分。联合国教科文组织在2012年《全民教育全球监测报告》中明确提出，所有年轻人都需要具备以下技能：① 基本技能，主要指识字和计算能力；② 可转移技能，包括解决问题的能力、有效地交流思想和信息的能力、具有创新意识的能力、表现领导力和责任感的能力，以及展示创业的能力；③ 技术和职业能力，即工作要求有特定的技术专业知识。

最有说服力的当属2012年经济合作与发展组织（OECD）发布的《为21世纪培育教师——提高学校领导力：来自世界的经验》的研究报告。该报告指出，21世纪的学生必须掌握以下四方面的十大核心技能：① 思维方式，即创造性思维、批判性思维、问题解决能力、决策和学习能力；② 工作方式，即沟通和合作能力；③ 工作工具，即信息技术和信息处理能力；④ 生活技能，即适应变化的生活和职业的基本能力。其中，学习和创新能力处于21世纪学习技能的金字塔顶端，包含了创造性和创新能力、批判性思维和解决问题的能力、交流能力和合作能力，这些能力被视为教育革新的核心任务。

对中国未来人才的核心素养发展而言，“21世纪核心素养5C模型”是一个很好的导向。该模型倡导的文化理解与传承、审辩思维、创新、沟通、合作素养更能体现中国学生应具有的适应终身发展和社会发展的品格和关键能力，更能充分突出个人修养、社会关爱、家国情怀，更加注重自主发展、合作参与、创新实践。

二、核心素养价值取向

党的十九大提出，中国特色社会主义进入了新时代。改革开放40余年，中国成为世界第二大经济体，老百姓摆脱了贫困，其中，普及的九年义务教育为提供有保障的国民基本素质做出了重要贡献。近十几年来，21世纪核心素养的教育与测评日益引起全球的关注，甚至成为许多国家或地区制定教育政策、开展教育改革的参考。我国教育界对21世纪核心素养教育的关注也日益升温，逐步实现从理念向实践的转化。2014年，《教育部关于全面深化课程改革落实立德树人根本任务的意见》指出，研究制订学生发展核心素养体系和学业质量标准是着力推进的关键领域改革之一。2016年，受教育部委托，著名心理学家、北京师范大学教授林崇德领衔研制的“中国学生发展核心素养”研究成果发布，引起教育界的广泛关注。《普通高中物理课程标准（2017年版）》将“核心素养”作为重要的育人目标，并要求在高中教材修订和教学实践中落实。在学术界，围绕核心素养展开的讨论非常热烈，各地教育部门与中小学校纷纷开展基于核心素养的课程、教学、评价等相关探索。

我国核心素养提出的根本目的是落实教育宗旨，全面贯彻党的教育方针，大力弘扬中华优秀传统文化，把培育和践行社会主义核心价值观融入国民教育全过程，倡导富强、民主、文明、和谐，倡导自由、平等、公正、法治，倡导爱国、敬业、诚信、友善，提升国民综合素质。综上所述，我们发现核心素养的内涵已经表现出较高的国际化趋势，且有共同的价值取向。①

（一）适应社会发展与技术进步

教育通过培养人才来促进社会发展，社会的发展与进步也必然带来教育变革。因此，国家层面的教育决策要符合社会需求，体现时代发展对人才培养的要求。国际教育核心素养体系重点关注信息素养、科学技术素养、创新素养等内容，反映出知识经济时代的发展动态，体现出科学技术进步对人才素质的新要求。而我国核心素养的提出正是在国际趋势下，聚焦人才培养的创新模式，以顺应时代的要求，促使我们培养的人才在创新精神、实践能力、社会责任感等方面都有显著提升。

（二）关注全面发展与终身发展

全面发展与终身发展是素质教育的根本宗旨，是各国制订核心素养的基本价值取向，国际组织及世界各国对核心素养的选取都涉及学生全面发展及终身发展所需要的知识、技能、态度和价值观等方面，如学会学习、语言交

---

① 靳玉乐，张铭凯，郑鑫．核心素养及其培育［M］．南京：江苏人民出版社，2018．

流能力、问题解决能力、合作能力、数学素养、表达能力等，这些素养关乎学生的自我发展、社会价值及个人竞争力，关乎适应现在及未来社会发展的素质。

（三）重视生活品质与生存质量

核心素养就像房屋的地基，地基的稳固程度决定了房屋的高度与坚韧度，而核心素养则对人的终身发展具有重要的导向作用，关乎个体的生活品质和生存质量。当前国际上的核心素养体系，除了生存必备的能力之外，还涉及文化意识、环境研究、个体职业发展、生活规划、管理与解决冲突等，涵盖学生的个人品质、文化素养和精神境界，影响着他们与社会、自然的相处和互动方式，也决定着他们日常生活的品质，真正体现了以人为本的教育思想。

（四）反映个体需求与社会需要

在以人为本的时代，核心素养要反映个体发展的需要，为个体成功做准备。但是，个人的生存与发展不能脱离具体的社会环境，个人的核心素养应该适应社会发展对人的基本要求，促进社会变迁与社会进步。核心素养框架的确定必须具有时代性与前瞻性，党的十八大提出了社会主义核心价值观——富强、民主、文明、和谐，自由、平等、公正、法治，爱国、敬业、诚信、友善。国家也提出了要加强“爱学习、爱劳动、爱祖国”的教育。从全球范围来看，国际组织、一些国家和地区在核心素养指标的选取上都反映了经济社会发展的最新要求，强调创新与创造力、信息素养、国际视野、沟通与交流、团队合作、社会参与及社会贡献、自我规划与管理等，这些指标内容虽不完全相同，但都是为了适应21世纪的挑战。从这个意义上看，核心素养是适应个人终身发展和社会发展所需要的关键素养，只有具备这些素养，学生才能成功地适应社会，在实现自我价值的同时促进社会的发展。

（五）强调基础培养与关键提升

学生生存与发展需要多种素养。面对21世纪的挑战，这些素养的重要性并不是平列并重的，需要有优先顺序。创新能力、信息素养、合作能力、社会责任、交流技能等排在前列，这些素养事关个体能否更好地应对 21 世纪的挑战，事关国家发展和民族振兴。核心素养是跨学科的，高于学科知识；核心素养是综合性的，是对知识、能力、态度的综合与超越。

（六）体现全球化与未来要求

在全球化背景下，各国的学生核心素养会有一定的共性，如对信息素养的要求，但因为国情不同，特别是各国发展面临的关键问题不同，核心素养的厘定和培育也需要有内容差异和程度差异。就我国而言，创新精神必须被大力强调。中国教育最大的短板是所培养的学生创新能力不够，不能满足知识经济时代建设创新型国家的要求，不能适应国际竞争的要求。同时，我们认为，面向未来的创新型人才必须具备 21 世纪需要的七个关键力：一是批判性思考与解决问题的能力；二是跨界合作与以身作则的领导力；三是灵活性与适应力；四是主动进取与开创精神；五是有效的口头与书面沟通能力；六是评估与分析信息的能力；七是好奇心与想象力。

三、对核心素养的认识

梳理国内外核心素养的研究成果，我们可以把核心素养简单界定为：为了适应 21 世纪的社会变革，人所应该具备的关键素养。简而言之，核心素养即 21 世纪关键素养，可以从思想基础、具体内容、培养途径三个维度来解读。

（一）核心素养的思想基础

核心素养的思想基础是人的全面发展，即学生经历教育后必须拥有怎样的基本素养和能力，成为怎样的人才。《国家中长期教育改革和发展规划纲要（2010—2020 年）》明确提出：坚持以人为本，推进素质教育是教育改革发展的战略主题，是贯彻党的教育方针的时代要求，核心是解决好培养什么人，怎样培养人的重大问题，重点是面向全体学生，促进学生全面发展，着力提高学生服务国家服务人民的社会责任感、勇于探索的创新精神和善于解决问题的实践能力。

（二）核心素养的具体内容

核心素养的具体内容包括社会责任感、创新精神和解决问题的实践能力等方面。社会主义核心价值观对个人提出了“爱国、敬业、诚信、友善”的基本要求，这是我国公民素养的核心。因此，社会责任感应包含尊重、负责、正直、关爱、坚毅、勇敢、和谐等；创新精神应包含好奇心与想象力、批判性思维能力、开创精神、主动进取态度等；解决问题的能力应包含观察与体验、收集与评估信息、合作与沟通、实践探究与实证等。这些素养都是学生获得知识、习得能力、发展情感后相互融合的产物。

（三）核心素养的培养途径

核心素养的培养，可以通过“关注生活、引领生长、经验改造”的途径来实现。《国家中长期教育改革和发展规划纲要（2010—2020年）》明确要创新人才培养模式，遵循教育规律和人才成长规律，深化教育教学改革，创新教育教学方法，探索多种培养方式，以适应国家和社会发展需要。注重学思结合，倡导启发式、探究式、讨论式、参与式教学，帮助学生学会学习。激发学生的好奇心，培养学生的兴趣爱好，营造独立思考、自由探索的良好环境。注重知行统一，坚持教育教学与生产劳动、社会实践相结合。注重因材施教，关注学生的不同特点和个性差异，发展每一个学生的优势潜能。推进分层教学、走班制、学分制、导师制等教学管理制度改革。健全公开、平等、竞争、择优的选拔方式，改进中学生升学推荐办法，创新研究生培养方法。

第三节　物理学科核心素养

一、高中课程方案和课程标准的修订

为落实立德树人的要求，进一步深化基础教育课程改革，教育部组织260位专家对普通高中课程方案和语文等14门学科课程标准进行了修订，历时4年已全部完成，经国家教材委员会审查通过，于2017年底印发。新的课程方

案和课程标准体现了鲜明的育人导向，思想性、科学性、时代性、整体性等明显增强。

2003 年，教育部印发的普通高中课程方案和课程标准实验稿指导了十余年普通高中课程改革实践，坚持了正确的改革方向和先进的教育理念，基本建立起适合我国国情、适应时代发展要求的普通高中课程体系，促进了教育观念的更新，推进了人才培养模式的变革，提升了教师队伍的整体水平，有效推动了考试评价制度的改革，为我国基础教育质量的提高做出了积极贡献。但是，面对经济、科技的迅猛发展和社会生活的深刻变化，面对新时代社会主要矛盾的转化，面对新时代对提高全体国民素质和人才培养质量的新要求，面对我国高中阶段教育基本普及的新形势，普通高中课程方案和课程标准实验稿还有一些不相适应和亟待改进之处。2013 年，教育部启动了普通高中课程方案和课程标准修订工作。本次修订深入总结了 21 世纪以来我国普通高中课程改革的宝贵经验，充分借鉴国际课程改革的优秀成果，努力将普通高中课程方案和课程标准修订成既符合我国实际情况，又具有国际视野的纲领性教学文件，构建具有中国特色的普通高中课程体系。

（一）修订背景

1. 落实立德树人根本任务的需要

党的十八大明确提出，把立德树人作为教育的根本任务。党的十九大进一步强调，落实立德树人根本任务，发展素质教育。这些要求必须全面落实到普通高中课程方案和课程标准之中。

2. 解决高中课改面临的问题和挑战的需要

2003 年印发的普通高中课程方案和课程标准实验稿，指导了高中课程改革实践，在全面推进素质教育中发挥了重要作用，但是面对社会经济、科技文化发生的巨大变化，对人才培养提出的更高要求，还有一些不相适应和亟待改进之处，需要进行修订完善。

3. 推进高中课程与高考综合改革相衔接

2014 年国务院印发《关于深化考试招生制度改革的实施意见》，要求对高中课程和高考改革进行统筹谋划，做好衔接。

（二）印发课程方案和课程标准的意义

1. 全面落实党的十八大和十九大精神

将习近平新时代中国特色社会主义思想全面融入课程方案和课程标准之中，明确提出培养有理想、有本领、有担当的时代新人。要求学生理解、坚持党对一切工作领导的重要性，认识社会主义初级阶段主要矛盾转化的意义，树立“绿水青山就是金山银山”理念，形成精益求精的工匠精神和创新精神。

2. 切实加强中华优秀传统文化和革命传统教育

各学科结合自身特点，丰富充实相关内容，增强文化自信，植入红色基因。

3. 进一步强化学科的育人功能

各学科首次凝练提出学科核心素养，将党的教育方针中关于人的全面发展要求具体化、细化到各学科课程之中，明确学生学习该课程后应形成的正确价值观、必备品格和关键能力；同时提出学业质量要求，明确学业质量是对学生多方面发展状况的综合衡量，研制学业质量标准，建立新的质量观，改变过去单纯看知识、技能的掌握程度的做法，引导教学更加关注育人目的，把立德树人任务落到实处。

（三）课程方案的主要变化

1. 进一步明确了普通高中教育的定位

针对长期以来存在的片面追求升学率的倾向，强调普通高中教育是在义务教育基础上进一步提高国民素质、面向大众的基础教育，不只是为升大学做准备，还要为学生适应社会生活和职业发展做准备，为学生的终身发展奠定基础。

2. 进一步优化了课程结构

考虑到高中学生多样化的学习需求及升学考试要求，在保证共同基础的前提下，适当增加了课程的选择性，为不同发展方向的学生提供有选择的课程。规定学生所有科目都要学，达到教学基本要求。有特定学科潜力和发展需求的学生在相关科目上可以多学些，学得深些，做到发挥特长，因材施教。

3．强化了课程有效实施的制度建设

从“选课”“走班”等新要求出发，进一步明确课程实施环节的责任主体和要求，增设了“管理与监督”等内容，强化各级教育行政部门和学校课程实施的责任。

（四）课程标准的主要变化

新课标在文本结构、内容及实施要求等方面进行了改进和完善。

1．文本结构变化

在文本结构上，主要新增了学科核心素养和学业质量要求两个部分，内容更全面，结构也更加完整，使得标准在整体上有较大提升。

2．具体内容变化

在课标内容方面，努力凸显思想性、时代性和整体性等。各学科课标进一步强化社会主义核心价值观教育，增加中华优秀传统文化、革命文化和社会主义先进文化教育等内容，充分反映马克思主义中国化最新成果以及经济社会发展、科技进步新成就，更加关注学科内在联系及学科间的相互配合，克服碎片化及彼此间的脱节等现象。

3．实施要求变化

从实际需求出发，强化指导性、可操作性。切实加强对教材编写、教学实施、考试评价的具体指导。大部分学科增加了教学和评价案例、命题建议等，便于准确理解和把握课标要义，确保课标能够落地，有效发挥统领作用。

二、物理学科的特点

（一）物理学的特点

物理学是自然科学领域的一门基础学科，研究自然界物质的基本结构，相互作用和运动规律。物理学基于观察与实验，建构物理模型，应用数学等工具，通过科学推理和论证，形成系统的研究方法和理论体系。物理学的特点可以概括为以下五个方面。

1. 物理学是一门实验和科学思维相结合的科学

实验是物理学的基础，科学思维是物理学的生命。在物理学中，概念的形成、规律的发现、理论的建立，都有其坚实的基础。任何物理理论的真理性都要以实验作为唯一的检验标准，物理实验不仅是物理学理论的基础，也是物理学发展的基本动力，是启发物理思维的源泉。不少重要的物理思想就是在物理实验的基础上涌现出来的。例如，卢瑟福建立的原子核式结构模型的基础是 α 粒子散射实验出现的大角度散射现象，普朗克的能量量子假设则是在解释黑体辐射实验规律时萌发出来的。

物理学的发展充分表明，实验不仅是一种研究物理问题的科学方法或手段，也是一种物理学的基本思想和基本观点。在物理学中，观察实验也离不开科学思维，无论是实验方案的设计、实验现象的观察、实验数据的采集、实验结果的分析、实验结论的得出，还是理论研究中的推理论证、概括和总结，都必须经过科学思维。同时，经过科学思维得出的物理结论，又必须接受实验的检验。由此可见，物理学是观察实验和科学思维相结合的产物。物理模型的提出、物理概念的形成、物理规律的发现、物理理论的建立，以及物理学中许多重大发现都是在观察实验的基础上进行科学思维的结果，科学思维对物理学的发展起着决定性的作用。

2. 物理学是一门严密的理论科学

物理学是以基本概念和基本规律为主干而构成的一个完整的体系，基本概念、基本规律和基本方法及其相互联系构成了物理学科的基本结构。其中，基本概念是基石，基本规律是中心，基本方法是纽带。

3. 物理学是一门精密的定量科学

自从伽利略开创了把观察实验、抽象思维同数学方法结合起来的研究途径，物理学就迅速发展为一门精密的定量科学。在物理学中，许多物理概念和物理规律具有定量的含义。物理学中的基本定律和公式都是运用数学的语言精确表达的，物理学中基本概念和规律的定性描述与精确的定量表达相结合是物理学区别于其他学科的显著特点。此外，数学方法还是物理学研究、推理、论证的重要工具和手段，物理学的发展离不开数学。

4. 物理学是一门基础科学，是自然科学的基础之一

物理学的研究成果和研究方法在自然科学的各个领域都起着重要作用，

并且形成了许多交叉学科。物理学也是现代科学技术的重要基础，许多高新技术都与物理学密切相关。历史上许多与物理学直接有关的技术发明对人类社会的发展起到了很大的促进作用。

5．物理学是一门带有方法论性质的科学

物理学在长期的发展过程中，形成了一整套研究问题和解决问题的科学方法。这些方法不仅对物理学的发展起到了很重要的作用，而且对其他学科的发展产生了一定的影响。物理学也是辩证唯物主义哲学的重要基础，深刻地影响着人们的思想、观点和思维方式。

（二）高中物理学科的特点

目前，我国的中学物理课程分初中、高中两段，采取螺旋式上升的两次循环制，比较符合中学生的认知规律，有利于循序渐进地完成教学任务。高中物理课程对物理现象和物理过程的讨论和阐述，要求在定性讨论的基础上做比较精确的定量分析和研究，并常常要应用理论论证和数学推导。

三、物理学科核心素养

（一）物理学科核心素养概况

各学科新课标凝练了学科核心素养，将党的教育方针中关于人的全面发展的要求具体化、细化到各学科课程之中。长期以来，宏观育人目标是明确的，中观的学科育人目标比较笼统，容易造成微观的教学目标只关注具体的知识传授。各学科凝练提出核心素养，明确了学生学习该学科课程后应形成的正确价值观、必备品格和关键能力，并围绕学科核心素养的落实，精选、重组教学内容，设计教学活动，提出考试评价的建议，目的是切实引导各学科教学在传授学科知识的过程中，更加关注学科思想、思维方式等，克服重教书轻育人的倾向。①

学科核心素养是学科育人价值的集中体现，是学生通过学科学习而逐步

① 王浩，何全瑛，赵广义．基于核心素养的物理学科能力探究［M］．长春：吉林人民出版社，2020．

形成的正确价值观、必备品格和关键能力。物理学科核心素养主要包括物理观念、科学思维、科学探究、科学态度与责任四个方面。

1. 物理观念

物理观念是从物理学视角形成的关于物质、运动与相互作用、能量等的基本认识，是物理概念和规律等在头脑中的提炼与升华，是从物理学视角解释自然现象和解决实际问题的基础。物理观念包括物质观念、运动与相互作用观念、能量观念等要素。

2. 科学思维

科学思维是从物理学视角认识客观事物的本质属性、内在规律及相互关系；是基于经验事实建构物理模型的抽象概括过程；是分析综合、推理论证等方法在科学领域的具体运用；是基于事实证据和科学推理对不同观点和结论质疑和批判，进行检验和修正，进而提出创造性见解的能力与品格。科学思维包括模型建构、科学推理、科学论证、质疑创新等要素。

3. 科学探究

科学探究是指基于观察和实验提出物理问题，形成猜想和假设，设计实验与制订方案，获取和处理信息，基于证据得出结论并作出解释，以及对科学探究过程和结果进行交流、评估、反思。科学探究包括问题、证据、解释、交流等要素。

4. 科学态度与责任

科学态度与责任是指在认识科学本质，认识科学、技术、社会、环境关系的基础上，逐渐形成的探索自然的内在动力，严谨认真、实事求是和持之以恒的科学态度，以及遵守道德规范、保护环境并推动可持续发展的责任感。科学态度与责任包括科学本质、科学态度、社会责任等要素。

（二）物理学科核心素养的培养

1. 通过课程建设来培养

教育的目的是育人。学校为实现培养目标而选择的教育内容及其进程的总和（包括学校所教的各门学科和有目的、有计划的教育活动）就是课程。贯彻党的教育方针，全面落实立德树人根本任务就是要提升学生思想道德水平、培养学生创新创业精神与能力、强化学生实践动手能力、塑造学生强健体魄、提升学生文化修养、增强学生生态文明素养、提高学生综合国防素质。党的教育方针、立德树人根本任务、物理学科四个方面的核心素养，要在区域内落地生根、开花结果，就需要积极探索建立区域育人课程体系，强化生本课堂改革，推进实现区域育人目标。需要建立一套完善的评估监测机制，监测区域课程体系的设计是否科学，推进工作是否有效，引领、促进学校实现育人目标。

根据《普通高中课程方案（2017年版）》和《普通高中物理课程标准（2017年版）》的要求，要紧紧围绕物理观念、科学思维、科学探究、科学态度与责任四个物理学科核心素养开展课程建设。一是在区域生本课程体系建设的总要求下，建构科学的物理学科课程体系，落实物理学科核心素养的培养；二是结合高考改革要求和各学校实际，开设各具特色的有利于培养物理核心素养的特色物理课程；三是针对学生生活化情境，创设学校校本活动课程，培养和提升学生物理学科核心素养。

2. 通过课堂教学来培养

物理学科核心素养的培养、课程目标的达成，主阵地在课堂教学，因此必须按照当前先进的课堂教学理念，对物理课堂教学进行深刻的变革。物理课堂教学，特别要重视从传统物理教学到基于核心素养的物理教学的转变。

一是从物理教学到物理教育。物理教学通常是以知识为线索展开的，这就容易导致教师把教学重点放在知识的讲授上，而忽视物理课程的育人功能。为了防止这种倾向，设计和开展教学时，必须以物理核心素养为导向，将物理观念、科学思维、科学探究、科学态度与责任等要求，自始至终贯穿在教学活动之中，使物理教学过程成为学生核心素养的形成过程。

二是从重学术形态到学术、教育形态并重。中学物理具有作为科学的物理和作为教育的物理两重性特征。相应地，物理知识也有两种形态，一种是外显的学术形态，另一种是内隐的教育形态。前者揭示的是知识的表层意义，即对物理世界的描述或解释；后者折射的是知识的深层意义，即蕴含在知识背后的思维方式和价值取向。

三是从重结论应用到重科学思维过程。科学思维是物理核心素养，中学物理教学的任务之一是培养学生的科学思维能力。传统教学重结论应用，轻思维过程。例如，在进行法拉第电磁感应定律的教学时，很多教师只关注定律的应用，而将电磁感应发现过程中的思维方法去掉，这样就失去了一次提升学生核心素养的机会。

四是创设问题情境。创设问题情境能唤起认知思维，激发内驱力，使学生进入探索者角色，参与到学习活动之中。以学生已有的经验为基础引入相关的物理问题，可以唤起学生已有的知识与将要学习的知识间的联系，激发学生的学习兴趣。例如，讲解“时间”与“时刻”的区别，“路程”与“位移”的区别时，可以从上课、下课，以及乘坐不同交通工具到同一地点这些非常生活化的例子出发，逐渐展开对这些问题的讨论。以生产中的实例来分析物理问题，尽量避免用抽象的分析来阐述问题，这样既便于学生学习、理解，也有利于培养学生理论联系实际的意识和能力。在教学中要注意选取与所学内容密切相关的、典型的、学生感兴趣的素材，用生动活泼的语言展示物理概念和规律，以及其中的科学思想和方法，展示应用物理知识的情境，使学生对所学的内容有兴趣、有亲切感。

《教育部关于全面深化课程改革 落实立德树人根本任务的意见》（教基二〔2014〕4号）中指出：人才培养模式改革不断深化，自主、合作、探究的学习方式与启发、讨论、参与的教学方式不断推广，育人的针对性、实效性进一步增强。我们在课堂教学观念和组织形式上必须变革，积极推行学生自主、合作、探究的学习方式。在课堂教学中，一是要注重全体学生的发展，改变学科本位的观念；二是要引导学生从生活走向物理，从物理走向社会；三是要注重科学探究，提倡学习方式多样化；四是要注意学科渗透，关心科技发展。

3. 通过质量监测来导向

新课标增加了“学业质量”部分，明确了学业质量是对学生多方面发展状况的综合衡量；确立了新的质量观，改变了过去单纯看知识、技能的掌握程度的做法，引导教学更加关注育人目的；研制了学业质量标准，把学业质量划分为不同水平，可以帮助教师更好地把握教学要求，因材施教，也为考试评价提供了依据。中学物理学业质量标准是依据物理学科核心素养中的物理观念、科学思维、科学探究、科学态度与责任四个方面及其水平，结合课程内容的要求而制定的。同时，为了全面贯彻党的教育方针，落实立德树人根本任务，检验学科核心素养的培养程度，可以每年在区域内所有中学开展教育质量全面监测，充分发挥监测评估在改进教师教学方式、推动学校发展、促进学生成长等方面的功能，特别是发挥监测评估对学生核心素养培养提升的导向功能。

第二章　物理课堂中的生命力

第一节　物理课堂的生命根基——自主学习

一、自主学习的内涵

自主学习主要包括两方面：一是学生自主性的探究性学习，二是学生对知识与技能的自主性建构。教师的任务就是引导学生对有关的物理现象与过程进行观察与发现、分析与比较、归纳与概括等学习活动，学生的认知能力与实践能力乃至创造能力就是在这种学习活动中得以提升。① 如对“声音是怎样产生的”这一知识点的教学，教师可以先演示诸如“发声的音叉在水中溅起水花”“纸屑在敲响的鼓面上振动”“来电手机在被抽成真空的玻璃罩中听不到声音”等物理现象，让学生通过自己的观察与分析而发现“声音是由于物体的振动而产生”与“空气是传递声音的媒介”。当然，有些学生可能会从鼓声中误解为“打击或碰撞是产生声音的原因”，或从听不到玻璃罩内的手机声音的现象而误解为“声音不能通过玻璃”，虽是错误的结论，但这些都是学生个体独立的思维产物，是一种课堂思维生命力的体现。当教师再针对第一个误解提出问题“音叉为什么可以较长时间地发声”来启发学生思考，针对

① 于漪. 涌动生命的课堂［M］. 太原：山西人民出版社，2011.

第二个误解再演示“手机响后用玻璃罩盖住仍能听到手机声音”来引导学生观察，学生自然会修正原来错误的认知，这就是学生对声音知识的自主探究和建构过程。

在自主学习过程中，学生的思维越活跃，认知就越深刻。作为夯实双基的训练，多数内容可省去，即使要训练，也只需适当设计一两个典型问题，这就是夯实双基中的“精练”。

二、在高中物理课堂中实践自主学习教学模式的必要性

目前，在高中物理教学中构建自主学习模式的现实意义主要表现为两个方面，即促进学生发展和提高教学质量。相较于其他学科，高中物理具有较强的抽象性和科学性。特别是高三阶段的学生，他们已经进入了对物理知识的全面系统复习阶段，对物理过程的分析和对物理规律的把握，都需要充分运用理性思维和发散性思维。与此同时，运用数学知识、建模等解决物理问题的能力也是必不可少的。因此，有必要在高中物理教学中实践自主学习教学模式，培养并发展学生的抽象思维，这样才能顺利解决物理难题。

从学生自身发展的角度来看，自主学习能力的形成，能让学生的发展更全面。高中物理课堂普遍存在的一个问题就是学生缺乏学习主动性，而素质教育理念下自主学习教学模式，则是让学生由被动学习转变为主动学习，让学生更具自主学习物理知识的积极性，充分激发学生学习物理知识的潜能，实现自我成长。与此同时，自主学习模式的构建，能够帮助学生充分认识到自己物理知识学习的不足，从而寻求教师针对性的指导和帮助。因此，有必要在高中物理课堂中实践自主学习教学模式。

三、高中物理课堂中的自主学习教学模式

（一）情境创设——明确教学目标

在物理教学中，情境教学这一教学方法的使用最为普遍。因此，在构建自主学习模式的高中物理教学过程中，教师也可以充分利用情境教学法，对

学生的思维进行有效引导①。通过创设合适的教学情境，深化学生间的互动和交流，从而更好地利用教师的引导，找出并明确本节课需要解决的问题，进而在此基础上，制订自主学习目标。这样，不仅学生的学习会更具针对性，而且也能有效避免对主题的偏离，加深学生对知识点的印象。

以高一物理必修（第二册）“平抛运动”这一节的教学为例，为了实施自主学习教学模式，让学生更具探究知识点的主动性，教师可以采用创设情境的方式引导学生自主学习。具体来说，可以信息技术为依托，紧紧围绕教学内容进行相关素材的搜集，并将其纳入电子课件的制作中。然后，在课堂教学中，利用多媒体技术和演示实验相结合，进行自由落体运动和平抛运动两种运动形式的对比实验和动画模拟。在这个过程中，给学生提供一张真实平抛运动的频闪照片，并标记每个像点的水平位移和竖直位移的数据。基于这些情境，向学生提出相关问题：“自由落体运动是我们之前学过的知识，那么谁能说一说它有哪些运动特点?”“利用这张频闪照片，是否能在已有知识的基础上，分析出平抛运动的特点呢?”

学生在教师足够的引导下，经过充分思考和数据分析后，给出答案：两种运动轨迹不同，但是平抛运动竖直方向的分运动与自由落体是一样的，水平分运动是匀速直线运动。在动态化情境的作用下，学生的探究兴趣愈加浓厚，通过教师的适当引导，学生进行了自主思考，并将问题顺利解决，形成对理论知识的深刻理解。不仅如此，在后续的学习过程中，学生的学习也会更具目的性，从而能够促进学习效率的进一步提升。

（二）问题引导——启发学生探究思维

在学生的自主学习过程中，明确的学习目标是必不可少的。因此，在实际教学过程中，教师应以教学内容为核心，使设计出的问题更具针对性，并且将问题的提出安排在课堂导入环节，这样将大大提升学生探究思维启发的有效性②。除此之外，可以值得探究的知识点为依据，向学生提出问题，培养

① 胥平儿. 高中物理自主学习的理论分析及模式研究［J］. 学周刊，2021（21）：47-48.

② 刘玉秀. 高中物理“自主学习”课堂教学模式研究［C］//2020 年“区域优质教育资源的整合研究”研讨会论文集，2020：931-933.

并发展学生的发散思维，使他们在经历知识推导的过程中，将相关知识点牢记在脑海中。在教学环节结束以后，可以将与所学内容有关的问题抛给学生，让他们尽情表达自己的想法和感想，说一说学到并掌握的知识点有哪些，帮助学生主动回顾和梳理知识。

以高二物理选择性必修（第一册）“波的干涉”这一节的教学为例。本节课的一个难点是：同相位的两个相干波干涉过程中，加强点和减弱点的形成条件。根据以往的教学过程，通常只靠教师的说理和传授，但最后的学习效果让人不太满意。可以在提供适当素材的前提下，让学生自己探究两列波在干涉相遇过程中，形成加强点和减弱点的条件。教师可以用 A4 纸打印出两列波的图样，并分发给学生。在纸上，两列波的波峰和波峰、波谷和波谷、波峰和波谷相互交叉。利用图上的许多交叉点，让学生发现和总结图上的这些加强点和减弱点离两个波源的距离分别有什么共同的规律。经过一段时间的观察和讨论，学生会有所发现。在充分思考、琢磨的前提下，学生会产生各种各样的想法，试图去总结规律。在这个具体的有意义的问题下，学生锻炼了发散思维。在积极的思考下，让不同的同学进行发言，让学生说明自己找到的规律。很多学生在倾听、借鉴其他同学的想法中，也会很快找到思考的方向。最终，在教师的引导下，有更多的学生能更好地理解和掌握这个知识点，并且印象更加深刻，从而有利于学习效率的提高。

（三）合作学习——抒发己见、解惑释疑

在新课改的环境下，合作学习的概念被引申出来，强调通过小组合作，共同完成学习任务，这种学习模式是未来教育的必然趋势。针对高中物理教学，教师在进行自主学习教学模式的教学时，可以以学生的实际情况为依据，对学生进行小组划分，通过布置具有开放性以及探究性的学习任务，深化小组成员间的交流讨论，使他们在相互学习和补充的过程中，掌握知识，形成合作意识，提升表达能力，发展应变能力。在与学生互动的过程中，产生意见分歧的情况在所难免，针对这种情况，应以师生互敬为原则，积极营造轻松的学习氛围，在鼓励学生表达的同时，对他们的问题进行针对性回答。

（四）实验融合——引导探究能力的形成

科学探究是物理核心素养的重要方面，在物理教学中，教师要始终有利用课堂教学培养学生探究能力的意识。探究能力可以使学生在课堂之外仍然能够独立获取未知知识，帮助学生具备探究能力是培养学生自主学习能力的一部分。在物理的实验教学中，结合自主学习教学模式，让学生在课堂中经历完整的探究过程，学生在真实的探究中独立生成物理结论，这样可以让学生经历一次印象深刻的学习体验，加深对知识的理解。

（五）练习分层——促进知识迁移内化

课堂练习不仅能帮助学生巩固新知，还能使学生利用所学知识解决实际问题的能力得到显著提升，实现对知识的迁移和内化。为此，在自主学习教学模式的实践过程中，教师应从学生的实际学习情况出发，选择合适的课堂练习题。练习题既能影响学生解题意识的培养，又能对他们的发散思维产生直接作用，所以，教师有必要对练习题进行精心设计。同时，以学生对知识的掌握情况为依据，筛选练习题并认真分析。只有当教师设计出同时具有综合性和目的性的练习题时，才能让学生的练习更具目的性，从而实现对知识点的有效归纳、延伸和补充。

课后作业是课堂教学的重要组成部分，教师往往通过布置课后作业，帮助学生巩固课堂所学知识。然而，传统教学课后作业的设计并不理想，教师统一布置作业，使不同学习情况学生的学习需求无法得到满足，基础较好的学生会因内容过于简单而无法取得进步，基础较差的学生则会因为内容过难而失去学习的信心。为此，教师应积极引导学生，通过让他们回顾课堂所学知识，实现对知识的二次自主获取，提高作业完成质量。除此之外，应以所学知识为核心，以学生学习情况为依据，进行适当拓展和延伸，借助对稍高难度习题的设计，让学生积极参与到自主探究中。

对传统理念进行改革已经成为新课改环境下的必然趋势，高中阶段的各门课程都被要求推广运用新模式、新理念。正因如此，自主学习教学模式逐渐被应用在各门课程中，旨在培养学生的自主学习能力，激发学生的自主创新意识。高中物理课堂中，实践自主学习教学模式，能够提升学生进行知识探索的自主性，加深对知识掌握的牢固程度，不仅能培养学生的自主学习能力和发展创新能力，而且有利于培养学生的团队合作精神。

第二节 物理课堂的生命个性——实验设计

一、高中物理实验教学的生命个性体现

实验不仅是物理知识形成的必要手段或方法，而且是促进学生发现或认识物理现象与规律的直观认知过程。因此，实验是物理教学的重要方法，突出实验，就是突出物理课堂的生命个性。

突出实验，即要求教师在教学中充分发挥实验在促进学生认知建构方面的功效或作用。首先，要充分利用教材中所设计的实验。教材中的实验是教材编写专家针对课程内容并依据学生的认知发展规律而精心设计的，绝大多数实验具有最优化的教学效果。高中物理学科可以视为以实验为基础的学科，实验教学是高中物理教学体系的重要组成内容。一般来说，学生所学习的物理知识基本上都是通过大量实验获得的。为进一步加深学生对物理知识的掌握程度与运用程度，物理教师应该对实验教学予以高度重视。在正式开展实验教学之前，物理教师应该结合学生的学习情况，设置科学合理的实验目标与内容，尽可能地让每一位学生都积极主动地参与到实验过程中，提高学生的实践能力与自主思考能力。结合实验教学反馈情况来看，通过科学合理地开展实验教学，学生可以提高主观能动性。最重要的是，学生可以在物理实验中明确相关知识的潜在规律以及变化情况，更好地将物理知识应用于生活实践中。

二、基于生命个性的高中物理实验设计理论

（一）重视实验教学的启发性与趣味性，提高学生的主观能动性

物理教师在正式开展实验教学之前，应该结合本节课的实验教学内容进行统筹规划与合理部署。结合本节课实验教学内容的重点难点内容，确立科

学合理的实验教学方案，并在此基础上，严格按照素质教育理念要求，对实验教学的启发性与趣味性进行合理贯彻与落实。

在课堂教学过程中，应该加强与学生之间的互动交流，确保每一位学生都积极主动参与到实验教学过程中。与此同时，对于实验教学涉及的重点难点问题，教师应该积极引导学生进行自主思考，确保学生的探究欲望与积极思维得以形成。例如，在机械能守恒定律实验教学过程中，教师可以设计“铁球碰鼻”的实验内容。实验过程中，物理教师可用绳子将大铁球悬挂在教室天花板上，并将铁球拉离平衡位置，让铁球刚好碰到鼻子。之后，物理教师释放铁球并让铁球摆过去，让同学观察铁球是否会打到鼻子。根据实验反馈情况来看，铁球在来回摆动过程中虽接近鼻子位置，但却并未接触到鼻子。结合这一实验现象，物理教师可以点明本节课的教学重点难点，即机械能守恒定律的内涵及规律。

在高中物理实验教学过程中，物理教师应该摒弃传统的填鸭式教学理念，尽量确保每一位学生都参与到实验教学过程中。与此同时，物理教师也可以按照小组合作或者师生互动等模式进行教学，提高学生的主观能动性以及主动学习能力，确保学生在轻松的氛围中掌握相关的物理知识①。需要注意的是，在实验教学过程中，物理教师应该积极鼓励学生大胆发言，提出自己的见解和想法，让每一位学生都可以活跃自己的思维，提高自己的物理核心素养。

（二）尊重学生主体地位，提高学生学习兴趣

学生在学习相关物理知识的过程中，常常会受到自身理解能力以及其他因素的影响，导致学习效果不佳。为解决这一问题，物理教师通常会采取实验教学方法，让学生参与到实验教学中，明确物理知识的本质内涵与规律特点。物理教师在正式开展实验教学之前，应该对实验设计内容进行统筹规划与合理部署。例如，物理教师可以将演示实验方式改为学生实验方式，即让学生做学习的主人，通过反复大量实验，明确物理知识本质及规律特点。如

① 姜红，朱美霞．关于创新实验设计，培养高中生的物理核心素养的探讨［J］．中学课程辅导·教师通讯，2019（6）：85.

在进行摩擦力实验教学时，物理教师可以让学生准备相关材料，做好相关记录，进行数据分析工作。根据实验反馈结果，让学生总结一个物体在另一个物体表面上滑动时，影响摩擦力大小的主要因素。或者在实验过程中，物理教师可以结合生活化教学模式，让学生利用文具盒或者书等模拟物体运动，分析物体的受力情况。在开展实验教学的过程中，物理教师应该充分尊重学生的主体地位以及个体间的差异性，让每一位学生都可以参与到实验过程中。

科学利用实验教学方法不仅是提高高中物理教学效率的重要保障，同时也是提高高中物理教学质量的重要保障。鉴于实验教学方法的重要性，高中物理教师应该按照素质教育理念要求，对物理实验教学涉及的方法进行合理的应用实践，并在此基础上科学利用物理核心素养目标理念，培养学生主动学习物理知识的兴趣以及积极性，尽可能地让学生在主动学习过程中，深化对物理知识的运用能力。在开展物理实验教学的过程中，物理教师必须充分尊重学生的主体地位，让学生做学习的主人，在深化学生物理学科核心素养的同时，提高学生应用物理知识的实践能力。

第三节 物理课堂的生命张力——史实教育

物理是推动科学与技术发展的领军学科，物理的每一次重大发现或科学研究的重大突破，都会为社会提供一种新的技术原理或方法思路。[①] 如 X 射线发现后，医疗领域用来诊断病情和治疗肿瘤，工业领域用来制成电离计、闪烁计数器，研究领域用来研究物质的晶体结构、形貌和各种缺陷。从物理学科本身的发展来看，每一次的重大发现或突破也会引起物理研究方面新的发现与突破。如牛顿从伽利略否定亚里士多德“力是维持物体运动的原因”的观点的斜面实验提出了“惯性定律”，进而建立了牛顿运动定律。因此，在物理课堂渗透有关的科学史实教育，既有助于促进学生对课程价值的深刻认识，又有助于促进学生了解物理科学发展的过程与史实，更重要的是，有助于学生树立崇尚科学的意识与致力于科学发展的精神。课堂的生命张力，指

① 孙方民，陈凌霞，孙绣华. 科学发展史［M］. 郑州：郑州大学出版社，2006.

课堂内容的教育目标或效益具有放大或扩展的弹力，这里主要指情感态度与价值观目标的有效扩张。

物理史实体现物理科学知识的形成或建构过程，每一个课题或每一个知识点都存在着相应的科学发现或探究史实，教学中可以渗透相应的史实教育。如在“声的世界”教学时，在声音产生方面，就可以引入宋代张载的论述：“声者，形气相轧而成。两气者，谷响雷声之类；两形者，桴鼓叩击之类。”（注释：形，物体。气，空气。谷响，山谷回音。桴，击鼓的槌。）在“音色”知识点的教学中，可以穿插介绍我国春秋与秦汉时代的编钟、唐代盛行的乐器箜篌、天坛回音壁等史实，让学生认识中国几千年的文明与科学智慧，进而诱发学生的爱国主义情感，使学生深刻认识科学与技术发展的时代性与创造性，领悟创新是推动科学与技术发展的动力这一真理，从而树立创造意识与创新精神。

一、以物理学史为主线进行单元设计，提高学习效率

利用物理学史的素材，可以从时间和空间的维度梳理出物理学发展的脉络，清晰地了解到通过一代又一代科学家们的不懈探索，发展成今天非常自洽的物质观念、运动与相互作用观念、能量观念，为学生形成正确的物理观念提供史料。比如，在原子与原子核的教学中，可以以物理学家们前赴后继的贡献为主线串起整个章节，既可以让各节的碎片知识形成内在的逻辑整体，又能让整个章节的学习高效省时，免去烦琐无序的死记硬背。

二、抓住若干物理学史典型个例，体悟研究物理的科学方法

人类探索自然、认识规律的方法大都是“观察现象→提出问题→猜想假设→实验研究和逻辑推理（包括数学推演）→得出结论→修正或推广假设”的循环。在任何一个物理规律和公式背后都有一段发现它的曲折经历，这些物理学史的素材可以教给学生研究物理的科学方法，培养学生的科学思维和科学探究能力。

例如，伽利略对自由落体运动的研究就是一个能让学生深刻体悟科学推理方法的史学材料。伽利略质疑亚里士多德提出的重物下落快于轻物的观点，利用大、小两块石头的逻辑推理驳斥了对落体运动的错误认识；接着“聪明

地提问”：落体运动的规律究竟是怎样的？并且“大胆地猜测”：落体运动的速度 v 与时间 t 成正比；然后，巧妙地设计了斜面实验解决了计时的困难，做了上百次的实验和数据分析，得到了不同质量的物体由静止开始向下运动的距离总是与所用时间的二次方成正比，而且这个比值随倾角的增大而变大；最后，他又把斜面上运动的实验结论用数学逻辑推理的方法外推到实验范围之外的竖直情况，从而得出自由落体运动是由静止开始的、速度随时间均匀增加的变速直线运动。伽利略在利用斜面理想实验研究物体运动和力的关系时，采用了科学研究方法。

通过抓住若干典型进行个例剖析，对某一个事件、某一项发现或某一位科学家的成就进行充分的揭示，说明其前因后果、来龙去脉，分享其成功的要素，总结其经验教训，提炼出可以共享的精神财富，可以进一步让学生体会感悟科学探究的方法，更好地促进科学思维的培养，培养科学态度与责任。

三、讲物理故事，利用物理学史帮助学生熟记物理规律

物理是理性的、数据的、科学的，这样的学科特点有时难免使课堂陷入严肃的气氛，如果教师能适时地插播一些感性有趣的物理故事，不仅可以让课堂气氛轻松活跃，而且可以帮助学生熟记物理规律。比如，在探究单摆周期公式时，通过实验很容易得到单摆的周期与摆长的平方根成正比，但单摆的周期与重力加速度之间的关系是很难在教室范围内通过实验探究得到的，这时候就可以讲述惠更斯发现单摆周期的物理学史。

最早系统研究单摆的是荷兰物理学家惠更斯，由于当时实验技术条件落后，重力加速度很难精确测量，所以不可能从实验中总结出单摆周期公式的系数 2π。事实上，重力加速度是 1659 年惠更斯根据单摆周期公式首次精确测量得到的。惠更斯利用伽利略发现的摆的等时性原理制作了计时非常精准的摆钟，现今还陈列在荷兰的阿姆斯特丹国立博物馆，于 1657 年取得了关于摆钟的专利权，并把这项技术公布于世。尽管如此，但当时被叫作新大陆的美洲大陆却没有这样的钟表匠，所以不得不在荷兰制造校准之后，再运到美洲大陆。可是全新的摆钟不仅走慢了，而且每天都要慢将近 1 分钟，所以被认为在运输途中损坏了的时钟又被运回到荷兰。匪夷所思的是，当它被运回出产地时，它又精准报时了。这个离奇事件引起了惠更斯的注意，通过研究，

他发现单摆的周期还跟重力加速度有关。1659年，在对单摆的研究中，惠更斯使用了一个忽略周期与振幅相关性的近似，这样引入的误差在小的摆幅下可以忽略（单摆做简谐运动的条件为$\theta<5°$），他导出摆动周期和沿着摆的长从静止开始的自由落体时间之间的关系，并发表在《摆式时钟或用于时钟上的摆的运动的几何证明》中，得到单摆的周期公式$T=2\pi\sqrt{\frac{L}{g}}$。

通过这段有别于实验探究的物理学史，不但能让学生印象深刻地记住单摆的周期公式，而且能很容易区分惠更斯和伽利略在单摆研究中的贡献。

又比如，在学习万有引力的时候，介绍卡文迪什设计扭秤实验测量引力常量G的物理学史，就不会再闹“库仑设计了扭秤实验”的笑话了，因为学生肯定有力学研究早于电学研究的常识。

四、实现多元评价方式，发展学生的物理核心素养

教学不能局限于课堂内的师生活动，还应把教学活动延伸到课堂之外的广大空间。教师可以布置预习教材、阅读课外读物或查阅文献资料等课题作业，[①] 让学生事先对本章或本节内容相关的物理学史进行查阅，在课堂上以读书报告的形式交流汇报。可以进行自评、互评、师评，发挥教师和学生不同角色在评价中的作用，实现多元的评价方式。

例如，让学生查阅电磁感应研究的相关物理学史。除了法拉第，学生肯定也会查找到“跑失良机”的瑞士科学家科拉顿。科拉顿为了避免磁铁对电流计的指针产生影响，用一根很长的导线把螺线管和电流计连接起来，并把电流计放在隔壁的房间里。实验时，他将磁铁分别插入或拔出螺线管，然后跑到隔壁房间观察电流计的摆动情况，但不管他跑得多快，却始终没有看到电流计的偏转。当这段看似与教学内容不相关的物理学史经由某组同学分享汇报后，一方面，其效果肯定优于教师千遍万遍“只有在磁通量变化瞬间才有感应电流”的唠叨；另一方面，学生的搜集信息能力、组织汇报能力、语言表达能力得到了来自同伴的正面评价，将大大增强他们学好物理的信心。

---

① 夏丽. 关于多维度地设计高中物理作业的几点思考［J］. 中学物理教学参考，2012（12）：40-43.

再如，让学生去查阅光学的物理学史，学生不但能了解牛顿的微粒说和惠更斯的波动说之争、托马斯·杨的双缝干涉实验、菲涅尔和泊松的阴差阳错，还能从德布罗意的物质波、汤姆孙电子衍射图样接触到前沿的量子力学，为他们埋下科学研究的种子。

布置这类查阅物理学史的课题作业，可以进一步提升学生的综合素质，发展学生的核心素养，使学生具有理想信念和社会责任感，培养学生的科学文化素质和终身学习能力，以及自主发展能力和沟通合作能力。总而言之，物理学史就像一块蕴藏着巨大财富的宝地，值得我们去开垦、去挖掘。

第四节　物理课堂的生命价值——科学思维

科学思维是物理学科核心素养的重要内容，也是从物理学视角展现物理本质属性、挖掘物理内在规律、探究物理相互关系的主要认知方式。在高中物理教学中，科学思维应该是基于事实基础抽象概括的过程，是对物理问题进行综合、推理论证的方法，涵盖质疑、批判、检验、修正等能力。

一、高中物理教学培养科学思维的意义

（一）有利于学生思维认知的发展

关注学生的核心素养是高中物理课程教学的重要内容，在高中物理教学中贯穿科学思维培养，是关注学生核心素养和能力的直观体现。在高中物理学科中渗透科学思维，可以有效提升学生的思维、逻辑、认知的能力。高中物理讲求理性、科学、合理，学生在学习的过程中，不断丰富自我，寻求解题之法，探索解题思路，提高解题能力，以更为理性、直观、科学、合理的方式进行理解、分析和解答。高中物理学科将科学的思维认知紧密联系起来，让学生在思考、分析的同时，发挥主观能动性，引导学生探究事物存在的逻辑和联系，让学生认识到在物理学科中存在思维的逻辑关系，以此激发学生更加理性、辩证、科学地进行理解和思考，培养学生更为全面的科学思维能力。

（二）有利于学生掌握良好的学习方法

在高中物理学科中渗透科学思维有利于学生更好地成长。物理学科具有客观、理性、科学的特点，讲求实际、理性。科学思维可以很好地带动学生主动思考和理解，在学习的过程中发现理性之光，帮助学生从科学、客观、合理的角度分析和解决问题。学生可以将这样的方式引入日常学习中，在解答问题的过程中，充分思考，以科学的眼光看问题，探究其中存在的逻辑关系，掌握良好的学习方法，更加有效、科学地学习。

（三）有利于学生创新思维和探索精神的培养

高中物理课程需要科学思维的引导，物理学习离不开科学的思维与逻辑。物理课程注重理性与客观，尊重实际与发展，其中许多的元素是紧密相连的，科学思维能力同样讲求科学、客观、逻辑。物理课程不单单是解决问题，还有探索问题和创新思考，这些都离不开科学思维与理解，这也给学生带来探索学习、提升自己的机会。在物理学习中，学生可以借助科学思维对问题进行分析和思考，激发学生的学习兴趣，在兴趣的驱使下形成创造性思维，不断丰富学生的认知，培养学生的探索精神和学习精神，提高学生的综合素质与能力。①

二、高中物理教学中培养科学思维的策略

（一）反思科学思维内涵，重塑科学思维培养目标

在进行高一物理课程教学时，由于学生的思维方式、认知能力还处于转变期，对物理学的理解与课堂知识应用能力有限，教师在组织教学时应该按照学生的认知实际情况，循循善诱，示范引领。一些教师习惯应用“先学后教”模式，让学生在课前自主学习，观看相关课件，梳理学习问题，在课堂上，教师针对学生的自学，设置提问，释疑解惑。在这种模式下，表面上学生似乎能跟上教学节奏，事实上，学生“看得懂”仅停留于知识表层，对物

① 李明．高中物理教学中科学思维的培养策略［J］．新智慧，2022（24）：115-117．

理思想、物理方法，特别是科学思维等还难以领会。学生对物理概念、物理量的学习，多依靠教师的课件，并未联系自我学习经历去思考和把握物理概念，这样就难以深刻、正确地理解物理量的内涵。物理学知识具有较强的逻辑性，各知识点之间如果没有自然过渡，学生会感觉零乱，缺乏整体把握能力。例如，在教学“自由落体运动”时，教师在概念承接上，往往从提问入手，引导学生认识自由落体运动的方式、特点。根据概念，教师直接提问：“什么是自由落体运动?”“自由落体运动属于什么运动?”因课堂容量小，无法激活学生的思维，导致课堂思维效率低，学生无法真正理解和把握自由落体运动的规律。此外，在一些物理原理及规律的挖掘上，教师过于重视特殊技巧的渗透，反而误导学生死记硬背，干扰学生的推理、分析能力。例如，在教学“直线运动”时，对“中间时刻速度公式”“中间位置速度公式”进行推导，而未能让学生从“速度-时间”关系、“路程-时间”关系图像分析中提炼科学方法。如此一来，重总结而轻归纳，忽视学生自主体验和实践，使得科学思维被误导，不利于学生分析综合能力和抽象概括能力的养成。

（二）确立科学思维导线，提炼学生科学思维要素

科学思维的培养要融入课程教学中，在整合物理课堂知识时，教师要引导学生进行科学思维的训练，帮助学生学会分析、比较和概括，让物理课堂从质疑、论证、推理、创新中活跃起来。教师需要围绕物理教学内容，从物理知识的因果、递进等逻辑关系中，确保课堂教学的科学性、整体性。在语言运用上，教师要体现逻辑思维，激发学生的科学思维意识。比如，在课堂提问时，所提出的问题难易程度要适中，要让学生能从分析、比较、概括等思维训练中论证物理问题。在提出问题时，教师还要给予学生足够的思维空间，特别是设置开放性问题，激发学生的发散思维。比如，天体运动过程所涵盖的知识点有万有引力定律、圆周运动规律、牛顿第二定律等内容，在进行讲解和呈现时，教师要引导学生从相关定律入手，构建物理学习模型，让学生学会科学分析、科学论证等科学思维方式。以教学“自由落体运动”为例，在本节知识点梳理上，有些教师采用“复习、史料、演示、分析、解题”贯穿课堂，但这种教学模式忽视了学生的参与性，也未能给予学生更多的科学思维空间，倒像是一节物理历史课。针对“自由落体运动”知识点，教师

可以从最初的匀变速直线运动复习中，让学生了解重力加速度、直线运动等，并结合史料对比不同物理学家的观点；接着围绕自由落体实验，分析自由落体的运动特点，进而总结规律；最后依据规律，结合例题进行学习和应用。在课程组织上，如果把“重的物体下落快还是轻的物体下落快?”的问题置于课前，学生就会失去对客观现象的思考与分析。这些并非该节教学的重点，教学重点应该是围绕实验现象，让学生从实验分析中发现科学的思维方法。为此，教师可以将教学流程进行优化，遵循“实验体验、分析综合、抽象概括、巩固应用”的思路，重构课程内容，让学生从中认识自由落体运动，概括出规律“$v=gt$”“$s=\frac{1}{2}gt^2$”。从课堂流程设计来看，学生能从现象分析延伸到科学探究，进而培养学生的科学思维素养。

（三）基于原始现象分析，启发学生的发现品质

在科学思维培养中，教师需要引导学生观察、发现，从物理概念、物理现象中，洞悉物理内涵，拓展物理外延。也就是说，在高中物理课堂教学中，仅仅关注物理量、物理方法、物理过程是不够的，还要对物理现象进行表达、揭示，引入背景，对蕴藏的物理思维及方法进行呈现。海森堡提出：“为了理解现象，首要条件是引入适当的概念，我们才能真正知道观察到了什么。”例如，在教学“运动”时，首先要让学生了解“质点”的概念。在课堂教学引入环节，教师需要明确“质点”的概念、条件，以及特定情境下“质点”的抽象意义。对于学生而言，只有充分理解和认识了“质点”，才能将之应用到学习中，才能发展科学思维能力。事实上，在物理规律的发现过程中，总是伴随着不同的科学思维。可以依托建构模型、抽象概括、推理论证等思路，让学生从中体验到学习、思维的过程，掌握科学思维的方法。例如，在教学“万有引力定律及其应用”时，会涉及诸多中间概念，如周期、速度、天体密度、向心力、加速度等，还会涉及各类中间公式，但本节重点是让学生利用“牛顿第二定律”解决引力问题，要从这些原始的物理现象分析中，启发学生，使学生认识物理知识、强化发现思维。

（四）突出物理实验教学，增强学生科学实验意识

物理学习离不开实验，而实验是对物理问题的直观化体现，也是培养学

生推理、论证等科学思维能力的重要途径。物理实验的设计遵循物理实验原理，结合实验器材，设定实验步骤，分析实验数据，获得实验结论。在这个过程中，既要融入学生的观察、分析，还要引导学生进行实验数据处理，归纳和概括实验结论。例如，在电阻测量实验中，有“单安法”“双安法”“单伏法”“双伏法”“安阻法”等，但其基本原理都是欧姆定律。本节实验的重点，不应该是学习不同的实验方法，而是要围绕欧姆定律，探析如何使用实验器材，如何组织实验步骤，如何测量电阻、电压、电流等。也就是说，在本节实验组织中，教师重点要让学生从实验中得出“$U=E-Ir$”“$U = IR$”等规律，以及在只有电压表的情况下，如何测量电阻电流。通过对实验过程的分析，发现误差的客观性，利用误差理论来评价测量结果，让学生从科学实验过程中掌握建构模型，学会质疑、推理论证等思维方法。

科学源于实践，在物理教学中，教师应该确立科学思维的地位，在知识、技能的学习中融入科学思维与方法，加强对学生独立思考、逻辑推导能力的培养，激活学生科学思维意识，培养学生科学思维习惯，使学生在物理实验中敢于质疑，自我求索与合作学习。教师应立足高中物理课堂，渗透科学思维，让学生认识物理学科的魅力，内化物理学的学科思维与品格，促进学生科学素养的提升。

第三章　核心素养下高中物理课程标准与教材

第一节　物理课程标准中核心素养的体现

为引导和促进学习方式和育人模式的根本转型，从而实质性推动和深化我国基础教育课程改革，普通高中物理课程标准在提出物理核心素养的同时，做出了创新。

一、更新了教学内容

2017年版的普通高中物理课程标准提出了全新的课程结构，如图3-1所示。

对比之前的课程结构，课程类型在必修课程（其中包含共同必修课程）和选修课程的基础上新添加了选择性必修课程，整合了原有的课程内容，在模块划分上更加清晰。在新的课程结构中，必修课程是全体学生必须学习的课程，选择性必修课程是学生根据个人需求和升学要求选择学习的课程，选修课程则是学生自主选择进行学习的课程。

从上述课程结构图中可以看到，新教材的内容模块体现了核心素养的思想，在进行主题划分时考虑到了物理核心素养的要素。必修模块主要培养学生的基本物理观念，同时培养学生运用物理模型等的科学思维、可持续发展的科学态度与责任以及物理学中常用的解决问题的科学方法。选择性必修教材在必修教材的基础上，层层递进，注重物理内容的系统性，完善学生对物理世界的认识，进一步帮助学生建立相对完整和科学的物理观念。选修课程则关注课题探究和物理发展对拓宽学生视野的影响，注重对学生进行科学态度与责任的培养，并帮助学生初步了解高层次的物理观念。新课程结构对学生核心素养的培养有更好的促进及导向作用。

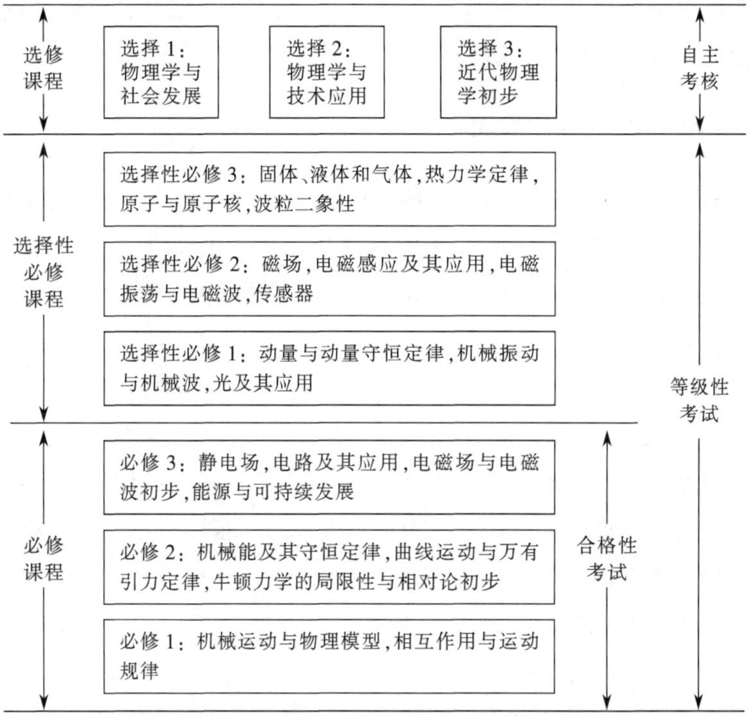

图 3-1　高中物理课程结构

二、引入了学业质量标准

新课程标准中融入了基于核心素养的学业质量标准。高中物理学业质量标准划分为五级水平，每个级别水平均包含了物理核心素养的每个要素。学业质量标准以物理核心素养及其表现水平为主要维度，结合课程内容，将学业质量划分为不同的水平来描述学习结果，为学生自主学习与评价、教师开展教学与评价以及高考与学业水平考试提供标准和依据。

第二节 物理教材中包含的物理核心素养

笔者从物理核心素养的角度分析了现行高中物理教材，并查阅相关文献，将力学和电磁学中包含的物理观念、科学思维、科学探究、科学态度与责任这四方面的内容做了如下总结。

一、物理观念的具体体现

高中物理力学和电磁学部分的核心概念分别为：力、运动、能量的守恒、动量的守恒、稳定的电磁场和变化的电磁场。高中生在学习物理力学和电磁学之后应形成的物理观念，以及构成物理观念的重要物理概念如下：

（一）物质观

1. 物理观念

（1）自然界的物质有两种存在形式，一种是看得见、摸得着的物质，另一种是看不见、无形的物质，要从宏观和微观两个角度来看待实物粒子。

（2）场是特殊的物质，具有能量，充满整个宇宙。场虽然看不见、摸不着，但却是客观存在的，具有物质的属性，对放入其中的物质有力的作用。电场是一种物质，电荷周围存在电场，电荷之间的相互作用通过电场而发生。磁场也是一种物质，磁体之间、磁体和电流之间、电流和电流之间的相互作用都是通过磁场实现的。

（3）周期性变化的电场产生周期性的磁场，周期性变化的磁场产生周期性的电场，电场和磁场是电磁场统一体中相互依存、相互制约的两个方面。

2. 重要物理概念

电场、电场强度、电场线、磁场、磁感线、磁感应强度。

（二）运动观

1. 物理观念

（1）物体的运动分为宏观运动和微观运动。宇宙中的一切物体都在不停的运动之中，没有绝对静止的物体。树立“运动是绝对的，静止是相对的”运动观。

(2) 在描述宏观物体的运动时，要选择一定的参考系。对运动的描述是相对的。

(3) 牛顿运动定律揭示了宏观低速物体遵循的运动规律。

(4) 电磁场由发生区域向远处的传播形成电磁波。

2. 重要物理概念

力学：运动、质点、位移、速度、加速度、匀速直线运动、匀变速直线运动、自由落体运动、曲线运动、抛体运动、平抛运动、斜抛运动、圆周运动。

电磁学：电荷、电流、电磁波。

(三) 相互作用观

1. 物理观念

(1) 自然界中的相互作用有强相互作用、弱相互作用、万有引力相互作用和电磁相互作用，四种相互作用有不同的基本性质和基本规律。自然界中的现象都可以归因于这四种基本作用。

(2) 引力作用普遍存在于一切粒子之间，宇宙中任何有质量的物体之间都存在着万有引力作用；其他的宏观作用力，如摩擦力等在本质上都是电磁相互作用；弱相互作用和强相互作用只存在于微观世界中，弱相互作用存在于放射性现象中，强相互作用存在于核子之间。

(3) 当一个物质对另一个物质或物质的一部分发生作用时，它也受到令一个物质对它的反作用。这种相互作用可以通过直接接触发生，也可以通过场来传递。相互作用同时产生，同时消失，同时变化。

2. 重要物理概念

力学：力、万有引力、重力、弹力、摩擦力、力的合成、力的分解、矢量相加法则、惯性、牛顿第一定律、牛顿第二定律、牛顿第三定律、万有引力定律。

电磁学：电场力、安培力、洛伦兹力、库仑定律。

（四）能量观

1. 物理观念

（1）自然界中的一切物质都具有能量。能量有不同的形式。

（2）树立守恒的能量观。能量不能凭空产生或凭空消失，只能从一种形式转化为另一种形式，从一个物体转移到另一个物体，在这个过程中，各种形式能量的总和保持不变。

（3）能量转化对应着一个过程或者一个系统。每一种守恒必定伴随着其物理对称性。

（4）能量的转化是通过做功来实现的，功是能量转化的度量。

2. 重要物理概念：

力学：功、功率、动能、势能、重力势能、弹性势能、机械能守恒定律、动量、动量守恒定律。

电磁学：电势、电势差、电势能、电荷守恒定律、电动势、电功率、焦耳定律、磁通量、电磁感应现象、楞次定律。

二、科学思维的具体体现

通过高中物理力学和电磁学的学习，学生能够接触到的物理理想模型主要有：质点、点电荷、绝对光滑、轻杆、轻绳、均匀介质、匀强电场、匀强磁场、自由落体运动、匀速直线运动、匀变速直线运动、抛体运动、匀速圆周运动、弹性碰撞、稳恒电流、电场线、磁感线、电流元等。

经过力学和电磁学的学习，学生可以学到的主要物理方法及相应的教学内容如表 3-1 所示。

表 3-1　物理方法及对应的教学内容

物理方法	教学内容
物理实验与逻辑推理相结合的科学方法	伽利略对自由落体运动的研究
公式法和图像法处理问题	匀变速直线运动规律 探究电源两端电压与电流的关系
等效替代的思想方法	平均速度 力的合成与分解

续表

物理方法	教学内容
极限方法	瞬时速度概念建构 曲线运动速度的方向 瞬时功率概念建构
抽象思维方法	加速度概念建构
定量描述物理问题的方法	速度、加速度、力等的概念建构过程
控制变量法	探究物体间相互作用与运动状态变化的关系 导体的电阻
化繁为简的思想	平抛运动、匀速圆周运动的规律
类比思想	与重力势能类比，引入电势能 类比力的合成与分解，学习运动的合成与分解 类比电场、电场强度、电场线、静电力等学习磁场、磁感应强度、磁感线、安培力等内容
比值定义法	加速度、功率、电场强度、电势、磁感应强度、电容、电动势、电阻等定义式的得出
理想化方法	质点等物理模型的建构 伽利略理想斜面实验等理想实验
归纳推理的方法	感应电流
动态平衡的思想	恒定电场

物理思维中包含的科学推理、论证、质疑、创新等要素主要通过实验探究来实现，与物理核心素养中的科学探究要素密不可分。

三、科学探究的具体体现

科学探究中的问题、证据、解释、交流与合作等要素主要通过学生小组实验来实现。笔者总结了现行的人教版高中物理教材中力学和电磁学部分要求学生完成的实验。

力学实验：用打点计时器测速度，探究匀变速直线运动的规律，探究自由落体运动，探究求合力的方法，探究加速度与力、质量的关系，探究作用力与反作用力的关系，研究平抛运动，用圆锥摆粗略验证向心力的表达式，探究弹性势能的表达式，探究功能与速度变化的关系，验证机械能守恒定律，探究碰撞中的不变量。

电磁学实验：研究静电感应，测绘小灯泡的伏安特性曲线，探究导体电阻与其影响因素的定量关系，探究导体电阻与材料的关系，用多用电表测量电学中的物理量，测量电池的电动势和内阻，探究楞次定律，探究变压器线圈两端电压与匝数的关系，利用传感器制作简单的自动控制装置，探究感应电流的产生条件。

在完成上述实验的过程中，学生会经历完整的或者部分的科学探究过程，其中的问题、事实证据、验证、解释、交流、合作等要素体现了对学生科学探究能力的培养。

四、科学态度与责任的具体体现

现行高中物理教材中加入了很多物理学史方面的内容，帮助学生了解物理学的发展史，体会物理学家们的研究历程和科学态度。主要有：在自由落体运动的研究中，伽利略质疑了亚里士多德统治了两千年的论断，并经过猜想与假设、实验验证等步骤提出了自己的观点；伽利略和笛卡尔推翻了前人关于力与运动的观点，为牛顿第一定律的发展做出了贡献；行星的运动体现了由地心说到日心说的发展，以及第谷和开普勒等人的工作；万有引力的发现过程等。

教材中科学漫步、科学足迹等栏目中讲述了部分物理学家的贡献，最新的实验仪器、科技发展前沿、物理学的应用以及对所学知识的进一步拓展，体现了科学态度与责任的要素。

第四章　核心素养下高中物理课堂教学设计

第一节　高中物理课堂教学内容分析

一、高中物理课堂教学内容

（一）科学确定教学内容

教学内容是指为实现教学目标而要求学生系统学习的知识、技能和行为经验的总和，此处的经验包括间接经验（现成的知识）和直接经验。

科学确定教学内容是指根据课程标准、教材、学生实际情况以及时代特点和区域特点，确定学生为掌握知识、技能、经验、方法而需要学习的内容。

科学确定教学内容蕴含着教师的智慧。第一，需要教师从不同角度对教材进行深入透彻的挖掘与分析；第二，需要教师及时关注多方面信息，关注物理与生活、生产、科技的密切联系，将那些鲜活的物理现象和物理事实带入课堂。

（二）教学重点

教学重点简称重点，是指教学中的重点内容，是课堂教学中需要解决的主要矛盾，是教学的重心所在。教学重点是针对教材中的学科知识系统、文化教育功能和学生的学习需要而言的，因此，它包含重点知识和具有深刻教育性的学科内容。

重点的形成主要有以下三个方面：从学科知识系统而言，重点是指那些与前面知识联系紧密，对后续学习具有重大影响的知识、技能，即重点是指在学科知识体系中具有重要地位和作用的学科知识、技能。从文化教育功能而言，重点是指那些对学生有深远教育意义和功能的内容，主要是指对学生终身受益的学科思想、精神和方法。从学生的学习需要而言，重点是指学生在学习过程中容易遇到困难，需要及时得到帮助解决的疑难问题。根据形成重点的三个方面，重点可分为知识重点、育人重点和问题重点。

按重点的地位和作用，又可把重点分为全书重点、章节重点（或单元重点）和课时重点。全书重点一般是贯穿于整个中学物理的重要思想、方法和起核心作用的物理知识与技能，它是重点的最高层次。章节重点（或单元重点）是贯穿于全章节（或单元）的主干知识、技能与方法，它的地位和作用不如全书重点大，属于中等层次。课时重点是指课堂教学时的重点，课时重点可以是章节重点（或单元重点），也可以不是。

例如，对于学生在学习中普遍存在的疑难问题，教师教学时会专门拿一节补救课（或称为纠错课）来解决。这时，如何消除学生存在的疑难问题就成了教学的重点，即课时重点，但问题解决后，若它在后面的学习中不起支撑和奠基作用，那么它就不再是重点了。对这类只限于该节课的重点，称其为“暂时重点”。

（三）教学难点

教学的难点是指学生不易理解的知识，或不易掌握的技能、技巧。难点根据学生认知水平的不同而不同。

难点的形成主要有以下几个方面的原因：一是该知识远离学生的生活实际，学生缺乏相应的感性知识；二是该知识较为抽象，学生难于理解；三是该知识包含多个知识点，知识点过于集中；四是该知识与旧知识联系不大，或学生对旧知识掌握不牢，或大多数学生对与之联系的旧知识已经遗忘。

难点如果属于第一种，教学中则应利用学生日常生活经验，充实学生的感性知识；若属于第二种，教学中则应利用直观手段，尽量使知识直观化、形象化，使学生看得见、摸得着。因此，突破难点的关键在于对造成难点的原因进行分析，只要原因找准了，对症下药就可以。[①]

（四）教学内容的整合

整合是指把一些零散的东西通过某种方式而彼此衔接，从而实现信息系统的资源共享和协同工作。其主要的精髓在于将零散的要素组合在一起，并最终形成有价值、有效率的一个整体。

教学内容的整合是指在把握教学重点、难点的同时，充分考虑知识的形成线索和学生学习的认知规律，在此基础上，通过补充、修改、调换、删减等方法合理取舍教学内容，完善教材资源，适度调整课时。

二、科学确定教学内容的理论依据

建构主义强调，学习者并不是空着脑袋进入学习情境中的。在日常生活和以往各种形式的学习中，他们已经形成了有关的知识经验，对任何事情都有自己的看法。即使有些问题他们从来没有接触过，没有现成的经验可以借鉴，但是当问题呈现在他们面前时，他们还是会基于以往的经验，依靠他们的认知能力，形成对问题的解释，提出他们的假设。

教学不能无视学习者的已有知识经验，简单强硬地从外部对学习者实施知识的“填灌”，而是应当把学习者原有的知识经验作为新知识的生长点，引导学习者从原有的知识经验中，生长新的知识经验。教学不是知识的传递，而是知识的处理和转换。教师不单是知识的呈现者，也不是知识权威的象征，而应该重视学生对各种现象的理解，倾听他们的想法，思考他们这些想法的由来，并以此为据，引导学生丰富或调整自己的想法。

教师与学生、学生与学生之间需要共同针对某些问题进行探索，并在探索的过程中相互交流和质疑，了解彼此的想法。由于经验背景的差异，学习者对问题的看法和理解经常是千差万别的，这些差异本身就是一种宝贵的课程资源。建构主义虽然非常重视个体的自我发展，但是它也不否认外部引导，

① 张艳香，韩艳华．提升物理教师教学设计能力的策略研究［J］．吉林省教育学院学报，2020，36（09）：18-21．

即教师的影响作用。

（一）根据课程标准、教材内容和学生基础，确定教学重点、难点

教师要认真研读、感悟、领会教材，对教材进行整体分析和章节分析，准确表述课程标准中对教材中知识内容的学习要求，并能够以此为依据，制订教学计划。

教师要了解学生的学习基础和现状，找准学习起点，根据学生的实际情况，确定好教学的重点、难点。教师要了解学生是否掌握了与要学习的新知识有关的基础知识和技能，有多少人掌握了，掌握的程度怎样，确定哪些知识应重点讲解，哪些知识可以略讲或不讲，从而抓准教学的真实起点。

在分析重点时，可以参照课程标准，尽管课程标准中没有对教学重点、难点给予明确的说明，而只是规定了要达到什么要求、需要学习哪些模块，但是在每一个模块内容中，课程标准仍然使用了不同的行为动词来界定，如“了解”“认识”“理解”“应用”等，对于要求较高的，应视为该部分知识内容的重点。例如，课程标准规定“理解位移、速度和加速度”，那么位移、速度、加速度概念就是教学重点。

教师要设计好课时教学方案，应设计贴近学生生活的教学内容。每节课的容量要适当，要根据教学目标进行取舍，有的内容尽管好，但与教学目标不符，就要下决心舍去。

（二）案例讲解与分析

以高中物理必修 1“摩擦力”为例。

1. 教学内容分析

课标要求：通过实验认识滑动摩擦、静摩擦的规律，能用动摩擦因数计算摩擦力。

教材要求：高中物理“摩擦力”是在初中摩擦力知识基础上的延伸与拓展，是必修 1 第二章“相互作用”的重点内容。本节课主要学习静摩擦力和滑动摩擦力的产生、方向和大小。学生将通过观察、实验和讨论交流学会分析、计算摩擦力，了解摩擦力在生产生活中的应用。让学生理解并接受摩擦力，不但使学生对力的理解再上一个层次，也为学生学习力的合成与分解及

牛顿运动定律的应用奠定必要的基础。

2. 学情分析

学生基础：学生在初中学习过摩擦力，生活中也经常见到摩擦现象（如雪天汽车轮要安装防滑链等）。学生通过对重力和弹力的学习，了解了一些学习力的方法和思路。例如，以“力的三要素”和“力的产生条件”为重点展开学习，这对摩擦力的学习有一定帮助。

学生特征：高一学生的思维正从直观形象型向逻辑抽象型过渡，但其思维还是常常与感性经验直接联系，仍需图片、视频、生活实例来支持。针对重点班的分析：学生基础较好，对新鲜事物感兴趣，求知欲强，乐于动手，有一定的观察分析能力，这有利于对本节课进行自主的实验探究。针对普通班的分析：学生基础不太好，对新鲜事物感兴趣，但自控能力较差，深入学习和思考的意识不足，不利于自主探究。因此本节课将在教师演示和问题的引领下，一步步由浅入深地认识、理解摩擦力。

学习障碍：学生对相关新事物、新情况的了解较为片面，不能很好地由感性认识上升为理性认识。例如，学生会因为思维定式的困扰而认为“只有在相对滑动时才有摩擦”“只要接触面粗糙就一定有摩擦”“摩擦力一定与物体运动方向相反”等。

3. 教学内容的确定

通过“筷子提米”等小实验认识静摩擦力，了解其产生条件。通过实验观察什么情况下会出现最大静摩擦力。

通过探究实验了解滑动摩擦力的大小与哪些因素有关，得到滑动摩擦力的计算式，会用动摩擦因数计算滑动摩擦力。

通过发散性问题的讨论，进一步理解摩擦力的产生条件，会在实际问题情景中应用“运动趋势分析法”“假设光滑法”“平衡法”等判断摩擦力的方向。

知道生产生活中增大或减小摩擦力的方法，能举出实例，有将物理知识应用于生活的意识。

4. 重点、难点分析

教学重点：静摩擦力和滑动摩擦力的方向判断。计算滑动摩擦力的大小。

教学难点：静摩擦力是否存在、静摩擦力的大小及方向的判断。摩擦力与相对运动（或相对运动趋势）的方向相反。

针对重点、难点的教学策略：由于摩擦力问题的复杂性，在具体问题中表现出“动中有静，静中有动”，尤其是静摩擦力，在许多情形下又是“若有若无，方向不定”，因此对初学者来说不易理解。在教学中可以先从静摩擦力入手，在实验和观察中逐步引向滑动摩擦力。由于摩擦力的知识在后续学习“受力分析”“共点力平衡”“牛顿运动定律”时还会用到，学生对其认识也会进一步加深，因此不必在一节课上一步到位，要循序渐进，螺旋上升。

5. 案例分析

本案例中，教师能够认真研读课程标准中对于“摩擦力”的要求，感悟、领会“摩擦力”一节的教材，从知识的地位与作用对教材进行整体分析，较为准确地表述了学习内容和学习要求。能针对不同层次的学生（重点班、普通班）进行学习基础和学习现状分析，找准学习起点，根据学生的实际情况，确定教学的重点、难点。

教师要对教材中所呈现的核心内容的学科本质有透彻的理解和把握，领悟教材所渗透的物理学思想、方法。

教师要考虑学生的知识能力背景，依据学生实际需求，对教材进行再度开发，在用好、用活教材的基础上，针对教材中的不足之处进行改进和补充。

教师要及时关注多方面的信息，关注物理与生活、生产、科技、社会等的密切联系，将更多鲜活、真实的物理现象融入课堂，帮助学生学懂物理、会用物理。

授课时，教师要关注学生的反映，采用提问、讨论、实验操作等多种方式了解学生对知识、技能、方法的掌握程度，充分利用学生的反馈信息，及时调控和整合教学内容，更好地为学生的学习服务，以适应学生发展的需要。

三、科学确定教学内容的方法

要科学确定教学内容，首先需要对教材进行整体分析和章节分析，其次要掌握确定教学目标和重点、难点的一般原则和程序。

（一）分析教学内容

1. 研读课程标准

课程标准是课程的纲领性文件，是国家对基础教育课程的基本规范和质量要求。课程标准对本学科的课程目标、各个知识模块的教学目标以及教学建议进行了非常精辟的阐述。仔细研读课程标准，对实现各个知识模块之间的沟通与整合，对教学设计的撰写，都将起到事半功倍的效果。

在做学期教学计划时，要对各个学段的内容仔细揣摩，整体把握该学科的部署。在进行章节备课时，要重点分析学习要求和活动建议。

2. 吃透教材

第一，要全面正确地理解教材，明确教学内容的地位和作用（所授教学内容在整个知识体系中处在什么地位，它是前面哪些知识的延伸与应用，又是后面哪些知识的基础）。

第二，吃透教材的主要线索，把握各项知识、技能的纵横联系。

第三，吃透教材的重点、难点和训练点。

第四，吃透教材的广度、深度和密度。

第五，吃透教材的德育因素。

应明确教师“教什么”，学生“学什么”，并对教材进行再组织、再创造，实现“用教材教”。

（二）了解学生

教师需要了解：学生已有哪些知识基础与生活经验？处在这个学段的学生有哪些心理特点和思维特点？

如小学生活泼好动，好奇心强，形象思维能力强，逻辑思维能力弱，厌烦枯燥、抽象、难懂的概念；初中生兴趣更广泛，情绪转移快，容易动感情，具有一定的抽象能力；高中生求知欲强，兴趣更加集中且兴趣与奋斗目标有了联系，逻辑思维能力有了很大提高。

教师需要了解：学生在学习中可能出现哪些困难？有何需求？

如知识、技能基础的缺失或不足，前概念的负迁移，思维定式的影响，会影响哪部分知识的学习或技能的掌握。

应明确教师该“如何教”，学生该“怎么学”。

（三）整合教学内容

教师要围绕重点、难点，整合教学内容，寻找更好的教学方法。

四、教学重点、难点的联系与区别

教学重点和难点具有不同的性质。难点具有暂时性和相对性。难点内容一旦经过教学被学生理解和解决了，难点就不复存在了，这就是难点的暂时性。同一知识与方法对一些学生可能是难点，而对另一些学生可能不是难点，这就是难点的相对性。重点一般都具有一定的稳定性和长期性（只有少数的课时重点具有暂时性，即暂时重点），在一定的教学阶段中它会贯穿于教学的始终。这是由于重点内容大多在知识系统中或育人功能上具有重要的地位和作用。如高中物理中重要的思想方法——等效思想、极限思想、理想模型的思想等就具有稳定性和长期性，它是贯穿于整个高中物理教学始终的教学重点。

教学重点与难点又有一定的联系。有些内容是重点而不是难点，有些内容是难点而不是重点，有些内容则既是重点又是难点。

如法拉第电磁感应定律，既是重点又是难点。一方面，它是定量描述电磁感应中感应电动势大小的重要规律，依据这一定律，人们制造出发电机，使电能的大规模生产和远距离输送成为可能。这一定律在高考中也是经常出现的内容，因此它是电磁感应部分教学的重点。另一方面，由于它与实际联系紧密，对应的实际情境变化繁多，运用的灵活性较大，而且还需要相关的磁场知识、电路知识、数学方法等，对大多数学生来说，掌握这一定律都有一定的难度，因此它又是物理教学中的难点。

五、遵循认知规律，整合教学内容

教材立足于促进每一个学生的充分发展，将学科内容与学生的生活、现实社会实际有机联系起来，使教材变得综合化、情趣化、情境化、生活化，教材的编写为教师对教材的再创造留有很大空间，教材中许多知识的呈现都能激发教师的创造性。有了这样的外在条件，教师就应为学生的创造性学习创造机会和空间。而要很好地做到这一点，教师需要从学生的实际出发，遵从学生的认知规律，根据学生的具体情况合理整合教学内容、调整教学方法。教师备课时，应考虑学生的认知水平和兴趣爱好，根据课程标准的教学目标要求，对教材进行取舍，努力挖掘教材中能力训练的素材和具有思维价值的材料，再通过各种方式加以合理组合，激发学生对学习内容的兴趣。教材中的信息既有学生已经知道的，也有学生未知的。有些内容可以一带而过，甚至不讲；而那些容易引发学生思考、培养学生能力的部分，哪怕是学生一时的灵感火花引发的，也应该作为教学重点，引导学生深入挖掘，直到学生满足为止。

总之，教师要以学生发展为中心，对教材进行适当的增、减、调、换，灵活运用教材上的内容，改革教材中脱离学生生活、脱离社会实际的内容，形成开放的教材观。

第二节　高中物理课堂教学对象分析

教学对象分析是教学设计的基础，在教学设计中，学生是核心。教师应分析学生在学习新知识前所具有的一般特征，确定学生的初始状态，注意学生认知结构的特点。学生的基本情况包括：学生在学习具体内容时保持的基本状态，如技能基础、科学能力以及知识基础等；学生对所学知识的认知情况，如生活环境、生活经验以及前概念等；学生存在的问题，如具体知识点或者技能等。

通过对学生实际情况的全面了解，可以有针对性地进行教学。要想实现核心素养课程目标，不光要学习课本知识，还要学习相关知识，拓展学习面。[①] 比如，有一次学生问了我这么一道物理题：“卫星与地球自转方向相同，赤道上某城市的人每 3 天恰好 5 次看到该卫星掠过其正上方，设地球自转周期为 T_0，求这颗卫星的周期？”绝大部分学生认为是 $\frac{3}{5}T_0$。我用了跑步的例

① 胡蕾．高中物理力学问题表征研究［D］．重庆：重庆师范大学，2018．

子："卫星和地球自转的方向同向，就好像你跟别人跑步，两个人同向跑，你跑的过程中超过了别人 5 次，那就是相同的时间你比别人多跑了 5 圈，所以你跑了 8 圈，答案就是$\frac{3}{8}T_0$"。

学生在学习万有引力与航天这一章的时候，最大的困难就是公式多，而且研究对象都是抽象的卫星，没有通俗易懂的模型去感知。传统教学时，教师讲到类似问题时，要么一笔带过，要么用数学方式讲解，学生还是似懂非懂。核心素养导向下的教学设计，要求教学要经常换位思考，从学生的角度去思考他们所欠缺的思维和能力，通过多种教学活动培养和升华学生的核心素养。

第三节　高中物理课堂教学目标设计

教学目标是教学的出发点，也是归宿，它引领和引导教学的全部过程。教学目标是期望学生在完成学习任务后达到的程度，是预期的教学效果，是组织教学、设计教学、实施教学的基本出发点和归宿，因此，教学目标的设计必须明确和有效。

一、教学目标的确定原则

（一）可评价原则

2003 年版课程标准注重课堂是否达成了三维目标，即知识与技能、过程与方法、情感态度与价值观。2017 年版的课程标准率先提出符合国际潮流的物理核心素养。核心素养指导下的物理教学目标的制定应该细化，上课过程中或者课后可以对学生是否落实本节课的目标进行评价。基于这个原则，核心素养导向下的教学目标的制定发生了一些变化，尤其在制定技能和知识、流程和手段这两个目标时，出现的变化较大。这种变化主要表现在新课标对课程标准的行为动词进行了修正。实验版课程标准要求学生对知识的掌握分为几个层次：了解和认识（Ⅰ级要求）、理解和应用（Ⅱ级要求）。在每节课进行教学目标的制定时，与之对应的行为动词分别为：列举、知道、描述、说出、了解、说明、表达、识别、对比以及简述等；阐述、解释、评估、核算、评断、分析以及区分等；应用方面包括评价、利用、验证、运用、掌握等。这里面的很多行为动词是无法对学生进行评估的。例如，学习加速度的内容时，如果以实验版课程标准为主，可以将目标设置为“深入了解加速度的含义”以及“掌握对应的计算公式”。在完成教学活动后，评价学生掌握的程度，即能否在实践中运用这些公式和理论，如果他们难以进行自我评估，教师也不能准确地评估教学目标完成的效果。但如果将上述目标进行细化，即“定义加速度时，使用比值定义法，并了解公式及每个物理量的单位、名称以及对应的符号等，同时在进行计算时，可靠充分利用这些公式。”在这样的目标下，学生在完成学习任务后，要进行目标检测时，可以度量出自身完成的程度，并找出其中没有掌握的知识，从而在接下来的学习中进行重点学习。[①]

（二）分层原则

在制定教学目标的过程中，主要以学生的特点进行层次的划分。一个班的学生，由于各自的思维以及经验的不同，在理解能力上也存在较大的差异。在划分层次时，必须具备合理性和科学性。通过不断地摸索和实践，核心素养导向下的教学目标，不仅目标明确，操作性强，而且能够及时反馈学生对教学目标的达成情况，教学效果好。

下面是笔者在核心素养指导下，对“楞次定律”这一节内容确定的教学目标。

案例　**楞次定律**

【教学目标】

（1）能用语言准确阐述楞次定律的内容。

（2）理解楞次定律的内容，尤其是理解定律中“阻碍”二字的含义。

（3）能初步运用楞次定律分析、判断感应电流的方向。

---

① 袁令民，王俊民，帅晓红，等．核心素养导向的高中物理课堂教学重构［M］．北京：高等教育出版社，2022．

(4) 理解楞次定律的实质是能量守恒在电磁感应现象中的体现。

(5) 经历探究螺线管中感应电流方向的实验，通过记录、分析实验现象，交流讨论，归纳出判定感应电流方向的方法。

(6) 尝试从几种判定感应电流方向的方法中，归纳概括出一种普适的定律——楞次定律。

二、教学目标的实现

(一) 构建和谐的教学环境

首先，教师要成为学生的“良师益友”。教师在处理与学生关系时，一定要注意这一点。自上而下的师生关系，让学生远离教师，无法做到“亲其师，信其道”。给学生足够的平等与尊重，有助于帮助学生树立学好物理的自信心。其次，师生共同发挥作用。物理核心素养指出，学生是教学的主体，教师起主导作用。当学生在学习过程中出现困难中，教师应该帮助学生一起探究，给予学生及时的点拨，只有这样才能有效缓解学生沉重的心理压力，不至于产生习得性无助现象。

(二) 精心设计教学环节

设计教学环节时，要具有合理性，并重视细节。可以根据需要设置 3～4 个环节，但必须注意，环节之间必须存在较高程度的联系。

在一般情况下，物理学知识能够在日常生活中进行应用，这也促进了物理教学工作的开展。从生活中的物理现象出发，逐渐扩大知识涉及的领域，构建教学场景，能够引起学生的关注和兴趣。完成教学任务后，要检测学生掌握知识的程度。例如，给学生讲解摩擦力时，可以让一个同学坐在椅子上，另一个同学去推动椅子，然后再去推空椅子，体会不同的摩擦力。利用这些小实验或实践活动，可以引起学生的思考，并在实践中掌握和摩擦力有关的知识。

在学习物理知识的过程中，最有效的方法就是进行实验，因此，在制定教学计划时，要充分发挥实验的作用，提高学生的实践操作以及思维能力，提升学生主动学习的积极性。笔者在这个过程发现了以下几个问题：① 多数学生独自进行实验时，没有清晰的思路，不清楚怎样进行操作、实验目的是什么、完成后如何分析实验结果等。在这种情况下，可以降低操作难度，将提出的问题进行简化，转变为“填空题”，让学生首先了解实验流程的整体框架，但在关键环节上不予解释，让学生结合自身的理论知识进行思考和补充，并以这种形式完成实验的全部流程。② 在进行实验时，一部分学生缺少严谨的态度，抱着看热闹的心态进行实验，这样不但浪费了宝贵的时间，还没有学到有用的知识。对于这种情况，教师应制定严格的课堂纪律和实验规则。

教师进行课堂教学时，应当以学生作为主体，站在学生的角度进行引导，让学生之间进行讨论，并分析教师提出的问题，由学生自己进行总结。

在讲授物理知识的过程中，引导学生进行思考，并联系该领域当前最先进的研究成果，使学生在实际中可以找到真实的事件或成果，从而印证课本中的知识。

第四节　高中物理课堂教学策略设计

一、学情分析

（一）高中生的年龄特征与思维特点

高中生的年龄为 15～18 岁，处于青年初期。这一时期是学生在生理上、心理上和社会性上向成人接近的时期，学生的情感逐渐趋向深刻稳定，自我控制力有所提高，但多数情况下还比较肤浅和不够成熟，遇到挫折时仍然容易产生消极情绪。教师进行正确引导，对于高中生世界观与人生观的形成具有重要意义。

中学生思维能力发展的特点，突出表现为由形象思维向抽象思维的过渡。初中阶段虽然偏重于形象思维，但已处于向抽象逻辑思维转化的时期。初中阶段的物理教学应直观形象。高中阶段，学生的思维得到进一步发展，抽象逻辑思维已从“经验型”向“理论型”转化，开始出现辩证思维。这一时期是学生个性心理特征的定型期，是学生能力培养的关键时期。

（二）高中生的心理特征与物理教学

教师在进行教学之前，要对学生的心理特征进行分析，将分析结果作为教师制订物理教学目标、确定教学内容、选择教学方法、制订教学程序的依据，为学生学好物理课程提供指导。

学生学习物理的基本心理过程可分为观察实验、思维、应用三个基本阶段。人们对客观事物的认识是从感性认识开始的，在中学阶段，学生通过生活、社会实践等活动已经积累了不少的感性认识，为他们顺利学习物理知识，形成物理技能奠定了基础。也就是说，学生接触物理知识之前，头脑中已形成许多科学概念，为物理学习提供了心理准备。但是，由于环境、生活经历、认知等原因，学生前期积累的感性认识不可能涉及所有物理概念、物理规律相关的物理现象，物理教学中还必须通过实验为学生提供大量的感性认识材料。

物理学中，大多是在观察实验事实、了解现象、取得资料的基础上，经过对这些感性材料的分析、综合、抽象、概括等思维加工，形成物理概念，建立物理规律。即使是新的物理学理论，也必须经过实践检验和实验验证之后才能被确认。这一阶段是借助思维而实现的，因此，物理思维是中学物理学习过程的核心。例如，麦克斯韦在法拉第等人的一系列实验基础上，建立了电磁场理论，并预言会有电磁波出现，但是直到赫兹实验的成功，这一理论才得以证实，电磁场、电磁波才获得广泛应用。中学物理教学以实验为基础，这正好符合中学生好动、好奇、好学的特点，教学中如能充分利用这些有利的心理条件，加以适当引导，就能促使学生在发现新奇物理现象与已有知识存在矛盾时，去探索现象的因果关系，形成学习物理的最直接的动机。

物理知识的应用是理解和掌握物理知识的重要过程，它是抽象的物理知识具体化的过程。一般说来，应用物理知识解决问题包括三个环节：审题、联想、问题的类化。其中，审题是通过想象、思维等智力活动分析问题中所给的条件以及要求证的目标，明确题目的要求，是把问题具体化的首要环节。联想是指由一种心理过程而引起另一种与之相联的心理过程的现象，它是在课题的条件和要求下，使有关物理知识在头脑中重现。问题的类化是把当前的课题纳入同类事物的知识系统中去，以便理解当前课题的性质，从已有知识中找到解决这个课题的途径和方法。应用知识的这些环节是互相关联、相互影响的。审题是联想重现知识的前提，知识的重现又是课题得以类化的条件。这三个环节相互作用，共同完成知识的应用。物理问题一般是由教师提出或习题中给出的，这与现实生活中综合应用知识解决具体问题是有所区别的。

二、研读物理教材

广义地说，教材就是教师教学活动和学生学习活动中所利用的一切素材和手段。狭义地讲，教材就是教科书。教材作为一个包含教学基本内容的书面材料系统，具有知识载体、教学指导和实用参考的作用。

物理教材是根据课程标准，把物理知识、物理方法、物理观点、物理思想按照一定的逻辑程序编写的一个教学体系。物理教材体现了课程标准规定的教学内容，是教师施教的主要依据，也是学生获取知识、发展能力、培养品德的重要来源。

在新课程背景下，教材不再是单纯的知识载体，也不再是教学内容的全部和唯一依据，只是为了实现课程目标而使用的教学资源之一。

（一）研读物理教材的目的

现代教学论倡导实现教学目标、教学过程的最优化。在课堂上，学生获得知识主要来源于三个方面：教科书及其他途径、教师个人的知识、师生互动产生的知识。分析教材和研究教法是教师备好课、上好课的关键，是进行教学设计的开端，是实现教学过程最优化的重要内容和手段。

教材在物理教育教学活动中，联系着教师与学生，联系着课堂与课外。物理教材的编写理念反映着当代教育改革思想，物理教材的内容反映着当代科学技术的发展对人的需要。研读教材，有利于实现由书本语言经过教师的创造性劳动转化为教学语言，再由教学语言转化为学生学习语言的知识形式的两次转化，即“书本语言—教学语言—学习语言”模式，使书本上储存状态的知识经传输转化为学生的知识与技能，使学生从中体验科学的形成过程。

物理知识本身的结构在教材中有着很强的逻辑规律，教师通过研读教材，可以掌握局部知识和整体知识之间的关系，可以找出物理教材中的知识结构框架，明确各个知识点在物理教材中的地位，合理有效地设计教学过程，确定最优化的教学方法，才能有的放矢地进行教学。

（二）研读物理教材的基本依据

深入理解和钻研课程标准，充分领会教材的编写意图，熟悉整个教材的基本内容，了解教材的各个部分在整个学科、篇、章或课时中所处的地位。具体分析教材的内容，包括教材的知识结构体系，教材的教学目的和要求，教材的特点，教材的重点、难点和关键。根据教学目标、内容和教学原则，按照教学要求，结合学校、教师和学生的实际情况，研究如何优化处理教材，如何突出重点、抓住关键、克服难点，明确教材中培养学生的能力因素，选择恰当的教学方法和教学手段，写出可行的教学方案。通过教材分析提高教学质量，提高教师的教学业务能力。

对物理教材的研读，主要有以下几个方面的依据：

第一，课程标准是学科教学最权威的指导性文件，是研读教材的直接依据。课程标准从整体上把握着教材研读的走向，体现了学科的特点和被研读教材的自身特点等因素，包含了各种具体的教学目标，它是编写教材和指导教学的依据，也是评价教学和考试命题的依据。课程标准规定的教学内容以及所要求达到的程度，教师应当准确理解。特别是在新课改实行的一个课程标准多种版本教材的情况下，准确理解和掌握课程标准更为重要。这样才能对不同教材进行分析比较，以便在使用中做到删选取舍，达到物理教学目标的要求。

第二，依据物理学科的知识体系。物理学科的知识体系可以分为两大部分。一部分是经典物理，它是由力学、热学、电磁学、光学和原子物理学等部分所组成的知识系统。另一部分是近代物理，它是以相对论和量子力学为基础的知识系统。教材中所讲的知识，要放在知识整体中去认识，进行全方位、多角度的分析研究，以真正掌握知识，认识它在整个教材结构中的地位。各部分的知识内容彼此之间都有着千丝万缕的联系，教材分析要兼顾各个分支和不同层次的物理知识。

第三，教材分析要考虑学生所处年龄阶段的接受水平、心理特点和思维规律，重视对学生进行逻辑思维训练，充分把握学生在认识活动中的智力和非智力因素的影响，适时地引导学生思维向抽象思维过渡。物理学以概念、规律为基础而形成完整的体系，物理学的思考要严格以概念和逻辑关系作依据来进行分析、判断、推理。考虑学生学习物理的接受水平、心理特点和思维规律，对教材的处理，多采用螺旋式渐升的方法，那种“一步到位”的教法反而会阻碍学生的思维发展。

（三）物理教材的特点

物理教材的内容主要是需要学生掌握的基本知识。物理教材中物理知识划分的依据：第一，看其在整个物理学中的地位、作用；第二，看其在工业、农业和科学技术中的应用程度；第三，看不同阶段学生的接受能力。

物理教材中的基本知识分为重点知识、重要知识和一般知识。

1. 重点知识

标志：① 在物理知识体系中占有重要地位；② 是进一步学习和工作的需要；③ 是学生能接受的物理概念和定律。

内容：二力平衡、密度、压强、电功率、欧姆定律、焦耳定律……

要求：掌握、领会（深刻理解）；巩固（不遗忘）；运用（熟练掌握）。

2. 重要知识

标志：① 为了掌握重点知识而铺设的台阶，是预备性和过渡性的知识；② 由于学生基础不足而降低要求的知识。

内容：力、重力、惯性、浮力、功、熔点、沸点……

要求：理解含义、会判断问题、能进行简单计算。

3. 一般知识

标志：① 扩大学生知识面、奠定广泛基础；② 在物理学中地位重要，富有生命力（由于学生知识限制，而降低要求只做一般知识介绍）。

内容：机械运动、乐音、噪声、原子……

要求：形成初步印象、知道大意。

高中物理课程对物理现象和物理过程的讨论和阐述，要求在定性讨论的基础上，做比较精确的定量分析和研究，并常常要应用理论论证和数学推导。

三、物理教学设计

教学设计是指教师根据课程标准的要求和教学对象的特点，对教学活动诸要素进行系统规划，安排教学方案的设想和计划。具体地讲，教学设计是指教师以现代教学理论为基础，依据教学对象的特点和教师自己的教学观念、经验、风格，运用系统的观点和方法，分析教学中的问题和需要，确定教学目标、教学重点和难点、教学方法、教学步骤，合理组合各种教学要素与时间分配等，其目的是提高教学效率和教学质量，使学生在单位时间内能够学到更多的知识，更大幅度地提高学生各方面的能力，从而使学生获得良好的发展。

教学设计是一个系统化的过程，一般包括编写目标、进行任务分析、选择教学策略与教学媒体以及编制标准等。

教学设计是在分析教学需求与问题的基础上，进一步确定解决教学问题的步骤和方案，通过评价和反馈来检验方案实施的效果，并修订完善方案，以优化教学的一种规划、过程、操作。教学设计以教学效果最优化为目的，以解决教学问题为宗旨。

1. 教学设计的特征

第一，教学设计是把教学原理转化为教学材料和教学活动的计划。教学设计要遵循教学过程的基本规律，选择教学目标，以解决教什么的问题。

第二，教学设计是实现教学目标的计划性和决策性活动。教学设计以计划和布局安排的形式，对怎样才能达到教学目标进行创造性的决策，以解决怎样教的问题。

第三，教学设计是以系统方法为指导。教学设计把教学各要素看成一个系统，分析教学问题和需求，确立解决问题的程序纲要，使教学效果最优化。

第四，教学设计是提高学习者获得知识、技能的效率和兴趣的技术过程。教学设计是教育技术的组成部分，它的功能在于运用系统方法设计教学过程，使之成为一种具有操作性的程序。

2. 教学设计的方法

第一，教学设计要从“为什么学”入手，确定学生的学习需要和教学的目的。

第二，根据教学目的，进一步确定通过哪些具体的教学内容和教学目标才能达到教学目的，从而满足学生的学习需要，即确定“学什么”。

第三，要实现具体的教学目标，使学生掌握需要的教学内容，应采用什么策略，即确定“如何学”。

第四，要对教学的效果进行全面的评价，根据评价的结果对以上各环节进行修改，以确保促进学生的学习，获得成功的教学。

第五节　高中物理课堂教学媒体设计

随着科学技术的迅速发展，社会对人才素质的要求越来越高，人们需要学习的知识越来越多，传统的只限于黑板的教学手段已远落后于时代发展的要求。随着信息技术的发展，多媒体技术迅速兴起，并逐渐进入课堂，它以图文并茂、声像俱佳、动静皆宜的表现形式，以跨越时空的非凡表现力，大大增强了人们对抽象事物与过程的理解与感受，从而将课堂教学引入全新的境界。

一、多媒体课件的制作要求

在多媒体教学中，计算机大大提高了信息的传输效率，从而帮助教师在有限的时间内向学生传授更多、更新的知识。对于过去一些在黑板教学中很难表现的、难于理解的物理现象、过程，运用图像、动画、声音等多媒体效果，就能非常生动、直观地展示给学生，这样就加深了学生对物理现象的理解，同时能够激发学生学习物理的兴趣，符合现代化教学的要求。

但是多媒体教学也带来一个问题：学生在听课时没有时间去思考，去做笔记。因此，教师在上课时要根据教学内容合理把握教学节奏，在重点、难点问题上要适当地放慢节奏。另外，教师在制作多媒体课件时，要在能够看清的情况下，尽量增大一屏内的信息容量，避免频频翻屏。

借鉴传统教学中的板书技巧，把重要的信息放在屏幕的主要位置，把次要的信息放在次要的位置，并随时删除、更换。采用这种方法，可以使重要内容在屏幕上停留较长的时间，给学生留下较深刻的印象，同时主次分明，条理清晰。

多媒体教室的光线一般较暗，学生长时间在里面，很容易疲劳，所以在制作课件时，对于一些重点内容，可以使用一些较鲜艳的颜色，使用一些带有动画的图标，也可以加上声音元素，这样使得教师制作出的课件更生动、更容易引起学生兴趣。但要注意，添加的这些元素不能喧宾夺主，否则会分散学生的注意力。另外，文字的颜色不能太过艳丽、炫目，应当选用较暗的背景。

二、使用课件对教师的要求

在多媒体教学中，教师不用板书，可以将全部精力用于组织教学，所以更应当注意教学艺术的发挥以及与学生的交流。由于课件内容在课堂上不容易更改，这就给教师备课提出了更高的要求，教师必须完全熟悉教材内容与要求，熟悉课件内容。教材是教学的基本依据，也是教学课件制作的基础。只有把握好教材内容，深刻理解教材的知识结构和内容体系才能有效地教学。为了使课件具有很好的使用性，在确定课件内容时必须仔细分析和研究教学内容，理解课程的重点和难点问题，确定课件中内容结构的表现形式。

多媒体技术的出现，标志着信息技术的又一次飞跃。多媒体技术用于教学活动中，带来了教育活动的一次变革。运用多媒体辅导物理教学，可以将日常教学中一些抽象的概念形象化，实现教学由难化易、由繁化简。同时，可以利用多媒体的强大吸引力，集中学生的注意力。采用多媒体的同时，也不能忽视其他传统教学方法，如参观、实习、实验等。

第五章　核心素养下高中物理课堂教学语言

第一节　课堂教学语言概念界定

一、教学语言

（一）教学语言的定义

教学语言的定义主要包括以下四种。

1. 教学语言是一种工具与载体

梁斌指出："语言是交流思想的工具，是知识信息的载体，它对教师这一职业尤为重要。语言是打开知识宝库的钥匙，是连通师生心灵的桥梁，是教师完成历史使命、履行神圣职责的重要条件和基本手段。"吴红耘和皮连生指出："教学语言是教师传递教学信息与完成教学任务的主要载体与工具。"①

2. 教学语言是教师上课时使用的语言

宋其蕤和冯显灿指出："教学言语是课堂教学中向学生传授知识、培养智力能力时的言语活动，既包括为了顺利完成教学任务而在课堂上进行的组织管理学生时的言语活动，还包括少量的教育性言语活动。"万俊峰指出："教

① 吴红耘，皮连生．任务分析与教师的教学技能成长［J］．心理科学，2004，27（1）：66-68.

学语言是教师在课堂中所采用的语言，包括教师在教学过程中向学生讲授学科知识、传授学科的技能技巧、提高学生的知识水平和各种能力时所采用的语言，也包括教师为了顺利完成教学任务而在组织管理学生时所采用的语言，甚至包括一些与当时教学任务并无多大关联的闲聊语言。”

3. 教学语言不仅是课堂上的语言，也是课下的一些语言

陈蔼琦和曾淡君指出：“所谓教师语言，是指教师职业的语言，是指教师在育人过程中所使用的语言的总称，包括教师所使用的口头语和书面语，课堂上语言和课堂下语言，以及在其他育人活动过程中使用的语言。可以说，教师语言是指教师对学生实施素质教育整个过程中所使用的语言的总称。”

4. 教学语言是教师的一种职业语言

金乃志将教学语言按语体属性分为四种，即教学语言是教师的口头语言、教师的专业语言、特殊的语言形式和口头形式的文学语言。尹忠和李树泽指出：“教学语言是教师为实现一定的教学目的，针对具体听课对象，在教学的特定环境、特定过程中使用的一种职业语言。”

众多学者对教学语言概念的探讨虽然有所不同，但是却从不同的角度揭示了教学语言的本质，帮助人们更加深刻地认识教学语言这一概念。

（二）教学语言的分类

对教学语言的分类，主要有以下四种。

1. 教学语言的综合分类

李如密将教学语言从三个角度进行分类。从功能性质分类，包括系统教授语言、个别辅导语言、组织协调语言；从信息流向分类，包括单向传输语言、双向对话语言、多向交流语言；从表达方式分类，包括说明式语言、叙述式语言、描述式语言、论证式语言、抒情式语言。

2. 从教学语言的功能角度分类

宋其蕤和冯显灿将教学语言分为两大类：教育语言（包括赞扬语、批评语、评论语、指示语）和教授语言（包括讲课语、提问语、谈话语、组织教学过程语）。

3．从教学语言的使用方式角度分类

茅海燕和罗立新将教学语言分为教师口头语言、教师书面语言、教师交际语言。

4．从教学语言的教段角度分类

从教段角度来看，教学语言可以分为四类：一是组织教学的语言。把学生组织到教学中来，顺利推进教学过程。主要有开课语、提问语、过渡语、评价语、结果语。二是系统讲授的语言。教授教学内容，传递教学信息。主要有讲析语、描述语、解说语、高潮语、点拨语。三是教学辅导语言。帮助学生有效学习，为学生指导引路。主要有集体辅导的语言、个别辅导的语言。四是教学态势语言。借助非言语手段进行表达的语言。主要有仪表形象语言、面部表情语言、手势体态语言。

二、物理教学语言

（一）物理教学语言的定义

学者们对物理教学语言的研究并不多见，所能检索到的关于物理教学语言的文献主要围绕着物理教学语言的概念界定和特点进行研究。

许云凤和张鲁殷指出："物理教学语言是物理教学过程中师生用来交流物理思想并能以书面形式出现的符号系统。"

杨华指出："物理教学语言是教学语言与物理本身特点有机结合的产物。"

物理教学语言不仅是语言的一个组成部分，即音、义结合的符号系统，还是动作和教学媒体的结合。物理教学语言是物理教师在教授物理知识时使用的语言。

综上所述，物理教学语言应界定如下：物理教学语言是教学语言的一个重要组成部分，是物理教师在进行物理教学过程中所使用的声音、动作、教学媒体和它们所包含的意义相结合的科学语言系统。它以表达物理教学内容、完成物理教学目标为宗旨。

（二）物理教学语言的分类

物理教学语言包括讲述语言、肢体语言、板书板画语言和声像媒体语言。

其中，肢体语言、板书板画语言和声像媒体语言这三类语言特征明确、指向清晰，而讲述语言由于在教学过程中所占比重很大，特点不一，可以将其单独分类。

1. 讲述语言

按照教学内容，将讲述语言分为说明式语言、描述式语言、论证式语言、启发式语言。

(1) 说明式语言

说明式语言主要用在介绍物理概念与规律的内容，讲述有关物理学知识，分析物理过程和实验教学中。说明式语言要求做到用语严谨、清楚明白、语言精练透彻。

(2) 描述式语言

描述式语言主要用于描述物理现象和物理过程。由于物理学科本身的特点，它包含了大量的逻辑推理和抽象模型，很多物理现象和模型不能让学生亲眼看见，在讲解习题时也要涉及物理现象和物理过程，因此需要物理教师用形象而生动的描述式语言进行讲解，使学生听懂、学明白。描述式语言要形象、生动，通过这种语言使学生对物理现象、物理模型、物理过程有直观、明确的印象，有利于他们进一步学习。

(3) 论证式语言

论证式语言主要用于讲解物理规律与讲解习题的过程中。这种语言要求有很强的逻辑性，需要做到语言清晰、透彻、深入、准确、有理有据，并且要让学生在复杂的推理论证过程中，始终保持头脑清晰，条理清楚。

(4) 启发式语言

启发式语言是物理教师根据具体教学内容和课堂需要，启发学生思维，指导学生思考的语言，有加强记忆、帮助理解和启发思考的作用。启发式语言要做到用语清晰、简洁、易懂、耐人寻味。

2. 肢体语言

肢体语言是指物理教师在教学过程中，为了达到教学的形象性，用肢体语言来辅助表达物理教学内容的表达方式。这种表达方式是对讲述语言的有力补充，也是物理教学语言的一大特点。有时，丰富的肢体语言可以创造良好的教学氛围，吸引学生的注意，也有利于学生的理解和学习。有时，一个及时的动作可以使表达更贴切、更容易理解。所以，肢体语言是物理教学中不可缺少的部分。

3. 板书板画语言

板书板画语言是指物理教师在黑板上用文字或图表来表达教学内容的表达方式。由于物理教学过程中很多问题的解答过程比较复杂，物理教学语言中的板书语言要做到言简意赅、清晰明了。板书的良好设计与工整书写有利于学生对整节课教学内容的清晰把握，以及对所学知识的快速记忆。由于物理教学内容的抽象性和物理建模的需要，板画是物理教学中不可缺少的因素，它可以帮助教师清晰且形象地表达教学内容，帮助学生理解和想象。虽然在教学中，幻灯片的使用大大方便了教师的教学，但是在物理教学中，随着每道题的讲解而画出板画来辅助教学仍是十分必要的。因此，板书板画语言是物理教学语言中不可缺少的组成部分。

4. 声像媒体语言

声像媒体语言是指教师在教学过程中运用多媒体播放图像和有声动画的方式讲解所要说明的问题，并表达教学内容的一种语言。随着科学技术的不断发展，教学手段也在不断地进步。近年来，多媒体教学逐渐走进了每一所学校。这种新的教学手段提高教师的教学效率，物理教师在面对抽象问题，或学生难以接触到的物理现象，或不易观察到的物理现象时，不再局限于用语言一再地描述、反复地讲解，也不必费力地在黑板上画模拟图，只需在大屏幕上展示出所要讲述内容的图像或动画，就可以使学生明白所要学习的知识了。声像媒体语言的使用，使物理教师在教学过程中可以更从容地面对教学内容抽象、枯燥和难懂等问题，大大提高了教师的教学效率和学生的学习热情。

第二节　高中物理课堂教学语言的特征与作用

一、核心素养导向下高中物理教学语言的特征

（一）教学语言要讲究科学性

科学性的课堂教学语言设计是指教师通过对教学内容、教学对象的研究，向学生传达正确的物理观念和科学探究思维等，运用灵活多变、丰富多样的教学语言实施教学活动。教学语言的科学性要贯穿课堂教学的整个过程，对教师的教学方式和所教学的内容都有所要求。教师应该注重教学语言的有效性，在课堂上要避免使用形式主义的语言。在有些课堂上，教师看似在与学生不断地进行交流，但由于所设计的语言内容过于简单且多流于形式，学生不需要动脑筋思考就可以与教师进行交流，或者疲于与教师交流，使得课堂交流成为一种只是一味追求课堂气氛的虚设，虽然整堂课师生交流不断，却没有实质性的内容，教师与学生的问答成了惯性式的反应，根本起不到培养学生物理核心素养的作用，这样的课堂交流毫无科学可言。教师在课堂教学互动设计时，不应该去提问那些显而易见、没有思考意义的问题，让学生不假思索、随口即答，时间长了会使学生对物理的学习丧失兴趣。

教师的课堂语言需具备科学性，讲究逻辑性。例如，教师在“牛顿第一定律”的教学中，设计出这样一系列的教学提问活动：教师用手轻轻地推着一块黑板擦在讲桌上运动，向学生提问：“黑板擦为什么会运动?”学生回答：“因为它受到老师手推力的作用。”教师马上停止对黑板擦的推动，黑板擦静止下来，又问学生：“黑板擦为什么停止了运动呢?”学生回答：“因为它没有受到老师推力的作用了。”教师再问：“空中飞行的足球是否受到推力的作用，它为什么能继续向前飞行呢?”这样，通过逻辑推理、步步设疑，牢牢抓住学生的思维，激起学生智慧的火花，无疑是一种充满科学魅力的教学语言。这样的教学语言设计能够更好地帮助学生掌握相关的物理观念，并激活学生的思维，使学生的物理观念、科学思维等素养得到发展。

（二）教学语言需掌握恰当的难度和坡度

课堂提问是教学语言的重要组成部分。针对这一部分，教师的教学语言设计需做到难度和坡度恰到好处，不可过高过大，也不可过低过小。教师在课堂上所提问题太难或跨度太大，超出了学生的思考和理解范围，造成学生无法在课堂有限的时间内进行回答，这样会使课堂教学充满压迫感，致使学生的学习心理受到伤害，不利于学生的发展。反之，如果课堂提问的难度太小，学生则得不到有效锻炼和提高。有的心理学家将问题从提出到解决的过程称为“解答距”。所谓有解答距的互动，就是希望学生经过一定的思考过程才能回答教师的问题，使学生解决问题的思想轨迹有一段距离。对于课堂上那些纯属记忆性的问题来说，是不存在解答距的，因为它们只需重复记忆就可以完成回答，不必经过思考过程。通常，根据解答距的长短，可以将提问分为四个等级：第一级是微解答距，这类问题学生只需参照所学的例题、例文就能够解答，难度较低；第二级是短解答距，所提问题并无现成的模子可以套用，但只需对现成模子进行变化与翻新，难度不高；第三级是长解答距，此类问题要求学生能够综合运用所学知识进行解答，而并非简单地套用或变通，难度较大；第四级是新解答距，属于创造阶段，要求学生能采用特有的方式创造性地解答，没有现成的方法可以参照，难度很高。

例如，教师在“自感现象”一课的教学中，可根据断电自感实验的四种不同的解答距设计四个不同难度的提问：断电自感实验的现象是什么？断电自感实验的原理是什么？请对产生断电自感实验现象的原因进行分析。请对断电自感实验进行一定的改进。这样的教学设计不仅照顾到了中等学生及学习水平较弱的学生，而且对学习水平较高的学生也有所考虑，对问题的难度和坡度的掌握都恰到好处，是教学语言保持正确的难度和梯度在课堂提问上的体现。教师应该从学生的实际出发，对四个等级的问题的坡度进行合理调配，为学生建构起从已知通向未知的阶梯，让学生能够在教师的引导下，通过自己的努力，一步步抵达知识的顶峰。

（三）教学语言需面向全体学生

课堂教学是教师和全体学生一同参与的教学活动，课堂教学语言设计的对象应该是全体学生，而不是针对某些学生或某一部分学生。教师在进行表达后，应要求全体学生都进行认真思考，做好回答的准备，切忌先指定回答者再进行提问。一般情况下，教师可以先与中等生进行交流，同时提醒全班学生注意听，待与中等生交流完毕后，再请优等生进行补充。如果直接对优等生进行提问，那么中等生、后进生就会觉得被忽视和冷落，这样对其余学生学习的主动性和积极性会有所打击。此外，教师在课堂教学中，与学生交流对话时还应具有针对性，了解学生的个体差异，如学习能力、知识基础、个性特点等，在交流之前做到心中有数，对不同学生使用不同的互动方案。这样，不仅有利于每一个学生的身心发展，还能够促使每个学生都得到不同程度的提高，有利于提升教学质量。

（四）交流需留出足够的思考时间

教师在课堂语言的表达过程中，应该有两次非常重要的停顿时间，即第一次等待与第二次等待。第一次等待，是指教师在说出一段话语之后需要等待一定的时间，让学生进行思考。例如，教师在教学“光”的内容时，向学生提出问题：“为什么黑色的花很少见?”提出问题后，教师不能立刻请学生进行回答，而应留一定的时间让学生回顾，在生活中是否黑色的花真的少见，然后再思考其产生的原因并进行回答。这样的时间留白并非浪费，而是另一种意义的高效，是一种教学艺术。教师在表达了自己的意见、看法或者疑问后，不应该没有等待或等待不足就指定学生来回答，这样学生就没有足够的思考和组织答案的时间。教师不应该先叫某位学生站起来，直接对这位学生提问题，这样不仅会导致被提问学生产生紧张感，往往使其不能得出完整的答案，而且没有被提问到的学生会由于听到别人作答而扰乱甚至停止思考，最终只能由教师来补充、完善答案，让大多数学生都失去了深入思考的机会，思维能力得不到有效的锻炼。第二次等待，是指当学生回答完毕之后，教师需要等待一定的时间才对学生的答案进行评价，或再提出另一个问题。因为互动时，学生本人或其余学生可能会对给出的答案进行补充或修改，且学生也需要时间对提问与解答进行回忆、判断和记录。教师在听取一位学生的回答后，还可听取其余学生的不同见解，或对其回答进行补充，而非立马给出点评。心理学家通过对比实验得出，对话过程中，稍长的等待时间会使学生回答的内容更加丰富、更具推理性，有利于学生科学思维能力的提升。

二、核心素养导向下高中物理教学语言的作用

树立以学生的物理核心素养培养为基础的教学目标，有助于教师在课堂教学实践过程中有效地运用教学语言，逐步达到教学艺术的境界。基于核心素养的高中物理教学语言的作用主要表现在以下五个方面：

（一）增强师生交流

课堂教学活动是教师与学生共同参与的双边活动，师生在课堂教学过程中伴随着大量的知识内容和情感意向之间的交流，这种交流需要融洽的师生关系、和谐的课堂氛围作为基础。达到师生之间互动交流的方法很多，其中最关键的就是通过教师的教学语言调动学生表达的语言。一个有意义的话题可以像一条纽带一样连接起教师和学生在认知与感情方面的共通点，在教师和学生之间架起双向交流的桥梁，有助于课堂教学的高效进行。教师可以通过教学语言展开课堂互动，了解学生对知识的具体掌握情况，得到教学的有效反馈；学生可以通过回答教师的语言进行自我检测。例如，教师在新学期的第一堂课上，可设计一些学生假期生活中与物理相关的提问。教师可以询问学生是否在假期遇到过什么新鲜事，或见到过什么生活现象无法用所学物理知识加以解释，让学生畅所欲言，并予以讨论。由于学生刚刚结束假期生活，注意力很难集中，一时之间难以静下心来投入学习，教师若此时就开始新课的教学，不一定能取得良好的效果。如此的教学语言设计不但可以集中学生的精力，让他们在潜意识中体会到新学期已然开始，而且还可以让学生从中感受到教师的关怀，从而增进师生交流，增强师生情感。

具备逻辑化和生活化特征的教学语言有力地改变了传统教学中教师“满堂灌”的教学作风，使课堂教学不再是教师所唱的独角戏，真正做到还课堂于学生。同时，师生间不再是单调的你讲我听的说书式的教学，使课堂教学拥有了生气，让教师和学生得到了很好的沟通和交流，为教师展开针对性的核心素养目标教学奠定了良好的氛围基础。

（二）集中学生的注意力

怎样才能增强课堂教学的吸引力，让学生的注意力像被磁石吸引一般牢牢地集中在教师的教学上？实践证明，当教师在课堂上展开双向对话的时候，学生的注意力往往处于高度集中的状态。课堂教学语言的设计可以是让学生独立思考，也可以是让学生进行相互讨论。无论是哪种形式，都朝着同一个目标前行，那就是使学生围绕教学内容进行积极的思考。有效的课堂教学语言设计可以有效地将学生的注意力集中起来，以保证教学活动的顺利开展。例如，教师在教学“摩擦力”时，往往会演示或指导学生做许多课堂小实验。有趣的小实验能够迅速地调节课堂气氛，使学生兴趣倍增、情绪高涨。但学生的思想可能是分散的，有的在想教师将会怎么做，有的在猜测这样做会出现什么结果，有的在思考为什么要这样做，此时便是展现教师课堂教学语言艺术的好时机。教师可以设计恰当的问题，进行有效的提问，以吸引学生的注意力往同一个方向集中。

（三）激发学生的学习兴趣

艺术性的课堂教学提问设计，可以激发学生强烈的求知欲和浓厚的学习兴趣。在教学实际中，学生时常会觉得物理课堂淡而无味，并非真正由于物理所学的知识内容无法提起他们的学习兴趣，而是教师在课堂上所使用的提问方式和教学方法总是千篇一律、毫无新意。例如，教师在教学“摩擦力”时，可以夸张地设计一些新奇的提问：“如果没有摩擦力的存在，我们是否还可以正常生活?”而不是去套用以往惯用的提问，诸如：“摩擦力产生的条件有哪些?”“摩擦力的作用效果是什么?”这样的提问设计可以让学生展开想象的翅膀，大胆地去猜想。同时，学生将会你一言我一语，难以抑制，顿时激发学习兴趣。所以，教师应多在课堂教学中设计此类新颖、有趣的提问，提高学生的学习兴趣，如此才能充分调动学生思考问题和回答问题的积极性。

（四）锻炼学生的表达能力

课堂教学语言的设计目的是引起学生的思考，实现课堂双向互动，而有效的语言表达情景和相应的活动有助于学生语言表达能力的形成和语言表达水平的提高。著名教育家沙塔洛夫指出："掌握知识的标志之一，是学生能用自己的语言将所学材料转述出来，并能够找到适当的例子说明相应的原理。"教师的课堂教学语言有效地为学生创造了条件，为他们提供了许多能够成功转述知识的机会，学生不仅能够进行模仿，还能结合自己的想法进行自创，从而提高他们的语言表达能力，提高他们有条不紊地阐述自己思想的能力。课堂教学把学生放在了一个特殊的位置上，学生需要面对教师和所有的同学，运用自己的语言来表达对教师所提问题的看法和理解。通过课堂教学提问活动，教师既能让学生学会熟练地组织自己的语言来准确地表达自己的观点，又可以使学生语言表达的逻辑性和灵活性得到锻炼与提高。因为学生是在较短的时间内与教师展开语言上的互动的，所以课堂教学提问活动还可以锻炼学生对语言的感知能力和即兴发挥的能力。

（五）提供教学反馈信息

课堂教学互动能够让教师和学生都从中获取对各自有益的教学反馈信息，从而作为进一步调整教师教学和学生学习的重要参考。教师可以通过课堂教学语言的使用来了解学生对所学知识内容的理解程度，检验学生对所教重点和难点内容的掌握情况，探明学生学习过程中的漏洞和产生错误的原因，以便全面掌握学生的个别差异性和学习特点，及时检测学生在物理核心素养上表现出的不足，并反省自己在课堂教学中的错误和不足等，然后根据学生对问题回答的反馈信息，合理地调整今后的教学活动。例如，教师在讲授"牛顿第二定律"时，由于牛顿第二定律中，物体所受的力是指物体所受的合力，而不是某一个力，这对学生来说既是学习的重点，又是学习的难点，教师在讲解完毕之后，需通过提问对学生的掌握情况进行了解，使学生透彻地弄懂知识内容。这时，教师可设计提问："根据牛顿第二定律，即使再小的力也可以产生加速度。用一个较小的力来水平推讲桌，为什么讲桌并没有被推动呢？这和牛顿第二定律是不是矛盾？"这个问题的提出充分体现了教学语言的反馈作用，教师可根据学生的回答知道学生对这一知识要点的真实掌握情况，若发现问题可及时地进行补救，从而完成此节课的教学任务。与此同时，学生也可以通过教师的提问，从教师那里获得自己学习状况的反馈信息，在学习中正确地审视自己，对自己学习的态度、方法和习惯等进行改进，使自己接下来的学习活动更行之有效。课堂教学语言所提供给教师和学生的教与学的反馈信息都是及时、准确、有效的，教师应该对课堂教学语言这一重要功能进行深刻的认识和充分的利用，使之为提高学生物理核心素养服务。

第三节　高中物理课堂教学语言的培养与实践

一、高中物理课堂教学语言的培养策略

要想教学语言表达易听易懂，教师需要做到以下两点：首先，教师要结合学生的心理特征、认知水平、兴趣爱好和已有的生活经验，对教材上的物理科学语言进行加工、处理，使其通俗易懂、富有情趣，使学生更好地理解物理词汇，同时告诫学生要充分理解物理词汇的意义，不能把它当作权威化的知识进行机械记忆。其次，教师应该帮助学生认识到词语存在多种意义，特别是词语的科学含义和日常含义的差异，从而实现词语的日常含义、日常表达向科学含义、科学表达的转变。当具备科学含义的词语为学生所掌握之后，物理语言就已经纳入学生的生活语言体系，并成为师生交流中共同的生活语言。

（一）用生活化语言创设情境

由于学生的思维能力有限，他们对很多抽象的物理模型、概念、规律的认识不透彻、不深刻，进而导致学生的物理观念、科学思维素养难以形成，并且会限制学生科学探究素养的发展。这就需要教师考虑学生的认知水平，发挥语言功能，设法用语言创设相应的物理情境，帮助学生获得感性认识，使其更好地理解知识，为学生物理核心素养的发展提供帮助。

教师将自己感受到的物理现象、物理过程，借助于实物、仪器，或者动画、视频等多媒体手段，用生动、形象的生活语言描述出来，使学生能根据教师的语言叙述，在大脑中想象出一幅物理图景、一个物理模型，甚至是清晰的物理过程，并结合学生已有的感性认识，引导学生进行合理的猜想、严密的推理，进而透过物理现象认识其本质属性，总结出物理的一些基本规律。

这样，就很自然地帮助学生完成从形象思维到抽象思维的过渡，提高了他们的思维能力。

有一些教学内容由于受实验设备等客观条件的限制，不可能在课堂上用实物演示，只有借助语言的描述，让学生通过教师生动形象的语言去认识物理现象，理解物理原理。比如，对于卢瑟福提出的原子的核式结构模型，教师可以借助图片、动画，通过平实的生活语言讲述，把无法亲眼观测的原子结构活灵活现地呈现在学生面前。

在讲解比较抽象、理论性较强、远离学生生活实际的知识内容时，教师教学语言的生活化就显得尤为重要。例如，对于质点概念的建立，若只是反复强调“质点就是具有质量的点”，那么学生听起来还是感到抽象，难以理解。若用通俗的“微乎其微”几个字来形容两物体的体积尺寸相较于它们之间的距离，则学生很快就能在头脑中想象出质点的模型，从而有助于这个抽象概念的建立，促进学生相关物理观念的形成。

此外，教师还可以利用学生熟悉的生活经验创设问题情境，并从中引出学习课题，使学生感受到物理知识的生活意义和价值，激发学生探究的热情和动力。例如，学习了机械能的知识后，在学习内能的知识时，教师可以用给自行车打气的例子引出课题。教师向学生提问：“给自行车打气时，打气筒的下端很热，这是为什么？热又是从哪里来的呢?”这种引入课题的方法，从学生的生活经验出发，用生活语言“热”而不是直接用学术语言“能”，更容易被学生接纳，同时对学生科学探究素养的发展也大有帮助。

生活化语言的描述对于物理信息题的理解很有帮助。作为高考的压轴题，通常涉及当下热门科技的内容，都有大段的文字描述，而解题所需的信息就隐含其中。初次接触信息题，学生会感到茫然不知所措，大多数学生读完题目后根本不清楚说的是什么，这时教师就应该将题目里的专业术语翻译成学生熟悉的生活语言，让学生理解题目的意思，这样才能进一步找出解题思路。

（二）采用类比推理的科学方法

类比是一种从特殊到特殊的推理，是根据两个（或两类）对象之间在某些方面的相同或相似而推出它们在其他方面也可能相同或相似的一种逻辑方法。

这种推理过程首先是比较两个（或两类）不同的对象，找出它们的相同或相似点，然后以此为根据，把其中某一对象的已知的知识推移到另一对象中去。类比是一种富于创造性的逻辑推理方法。

例如，在讲授“原子结构”这部分内容时，教师可以利用卢瑟福和他的学生做的 α 粒子散射实验的实验现象，将结果与学生已经熟悉的太阳系相类比，学生很自然地就能接受原子结构的行星模型。

太阳系：相较于整个太阳系，太阳体积很小，质量却占太阳系总质量的 99.87%；行星的体积、质量更小；太阳 m_1 与行星 m_2 之间的引力 $F=G\frac{m_1m_2}{r^2}$；太阳系内部的运动是行星环绕太阳。

原子：相较于整个原子，原子核体积很小，质量却占原子总质量的 99.97%；电子的体积、质量更小；原子核 q_1 与电子 q_2 之间的引力 $F=K\frac{q_1q_2}{r^2}$。所以，原子内部可能由电子环绕原子核构成。

比如，在物理概念教学中，在讲到公式 $R=\frac{U}{I}$、$C=\frac{Q}{U}$、$\rho=\frac{M}{V}$时，大多数教师总是反复强调电阻 R 是物体的特性，与加在两端的电压 U 以及流过的电流 I 无关，电容 C 与电量 Q 和电压 U 无关，密度 ρ 与质量 M 和体积 V 无关。此时，学生往往难以接受：数学公式已经表明了三者的关系，为什么又认为不相关呢？对此，在教学中，教师可以使用“测脉搏”进行类比：“大家都知道有氧运动对身体有益，那么怎样判断大家做的是有氧运动还是无氧运动呢？最简单的办法就是运动完后立即测脉率，脉率＝跳动次数/测量时间。”接下来，再反问学生：“你的脉率与跳动次数和测量时间有关吗？是否跳动次数越多，你的脉率就越大？测量时间越长，你的脉率就越小？”学生的答案是在意料之中的，即脉率与跳动次数、测量时间无关，脉率取决于具体的运动和自身的健康情况。显然，通过教师的类比教学，学生就能很好地理解这几个公式的真正意义：公式仅仅体现某个物理量的测量途径，而非这个物理量的决定式。

又如，在“玻尔模型”的教学中，会涉及能级间的跃迁，通常让学生判断从某个高能级向低能级跃迁可能辐射几种频率的光子。为了帮助学生理解模型的特点和电子跃迁的规律，教学时可将玻尔模型与落差不均匀的阶梯类比，想象人从最高台阶跳向低台阶最终到地面时的所有可能跳法。这样的讲解很容易让学生明白原子能级的不连续性和随着量子数的增大能级差减小，以及电子从外向内跃迁和吸收光子从内往外跃迁时的可能性规律。

再如，高一的力学部分，学生已经学习了重力场、重力、重力做功、重力势能的变化，这些物理语言就成了学习共同体的生活语言。等到高二学习电磁学时，就可以借助之前学习的语言类比学习电场、电场力、电场力做功、电势能的变化。在重力场中，可轻易推出两个结论：在同一等高面上移动物体，重力不做功；任意两个等高面都不会相交。由此启发学生类比，证明出在电场中也有类似的两个结论：在同一等势面上移动电荷，电场力不做功；任意两个等势面都不会相交。

（三）利用诗歌、典故、故事、成语、俗语等将学生带入物理情境

教师可以用“赤橙黄绿青蓝紫，谁持彩练当空舞”的诗句作为“光的色散”的引入，用“坐地日行八万里，巡天遥看一千河”的诗句作为“参照物和相对运动”的引入。这些都是很好的例子，可以使学生在对诗歌的欣赏中，很惊奇地发现其中的物理原理，自然地将形象思维转向抽象思维，从而进入物理世界。

对一些新概念，若直接引入则比较抽象，学生也不易理解，但若巧妙地借助一些典故、故事，使学生认识到新概念引入的必要性，这样在学习新概念时，也就不会觉得物理无用，反而更愿意进入物理的世界。如交警判断司机是否超速，就有必要区分平均速度和瞬时速度。借用“龟兔赛跑”的典故可以巩固平均速度和瞬时速度的知识。这样的教学有助于学生物理观念等核心素养的发展。

在日常生活中，人们经常会说到一些成语、民谚、俗语，如“海市蜃楼”“坚如磐石”“釜底抽薪”“水滴石穿”“迅雷不及掩耳”“闻其声而知其人”等。这些生活语言中含有丰富的物理知识，如果教师平时能注意收集分析，就可以在日常生活中深化物理知识，活化物理知识，这对学生学习物理知识、应用物理知识是有很大帮助的。

（四）利用生活化的风趣语言活跃课堂

一说到物理，许多人的第一印象就是枯燥。如果教师在教学中有丰富的语言表达，并能将生活中的风趣语言应用在教学上，就会激发学生学习物理的兴趣。

例如，在总结弹性碰撞的规律时，可以结合学生的生活经验进行分析："不管碰撞前的速度如何，小的碰大的总是小的吃亏，而大的碰小的总是大的占便宜。"由此可见，碰撞结果除了与碰前速度有关外，还应该与组成系统的各个物体的质量有关。

又如，竖直上抛运动可称为"上下求索"；机械波传播时，介质中的质点在平衡位置附近振动而不会"随波逐流"。这就要求教师对语言有一定的掌控能力，运用语言时把握好语气的抑扬顿挫、节奏的轻重缓急，再适当配以肢体语言，便可取得意想不到的效果。

对于学生容易混淆的振动图像和波动图像，可以分别称为振子的"传记片"和"集体照"。也就是说，振动图像就像拍振子的"传记片"，而波动图像就像拍所有质点在某一时刻的"集体照"。这样讲解，就会让学生很清晰地理解两个图像的联系与区别。

二、高中物理课堂教学语言的实践策略

物理教学语言既涉及物理学、语言学、逻辑学，还涉及教育学、心理学等方面的内容。作为高中物理教师，应当广泛学习，特别要从老教师那里吸取经验，提高语言修养，在合乎规范的情况下，结合物理教学的特点，进行创新，使物理教学语言具有逻辑性，这样不仅使教学内容更容易让学生接受，使学生对物理有更全面、更系统的认识，还能让学生感受语言之美。

（一）高中生的思维认知特点及其对教师课堂教学语言的要求

高中生在生理上、心理上逐渐接近成年人，情感逐渐趋向深刻稳定，自我控制力有所提高，意志形成过程中认识因素比较突出，道德感、理智感和美感等都有所发展，学习动机和兴趣比较集中和稳定，这种巨大变化对高中生的思维发展提出了更高的要求。

新的需要与原有思维结构之间的矛盾成为内在动力，推动着高中生思维的发展，并表现出新的特点：一是形式逻辑思维已获得相当完善的发展，主要表现在对概念有了比较全面的理解、有较高的推理能力等。同时，辩证思维有了初步发展，主要表现在其思维过程中的抽象与具体获得了一定程度的统一，逐步认识到一般和特殊、归纳和演绎、理论和实践的对立统一关系，逐步发展着从全面的、运动变化的、统一的观点认识问题、分析问题和解决问题的能力。二是常规性思维能力有所提高，能解决具有一定难度的物理问题，形成了对思维的元认知。高中生的这些思维特点对教师在设计课堂教学语言时提出了要求。要想使教学语言更好地适应高中生的思维发展，提高课堂教学语言的有效性，教师必须在熟悉掌握高中生的思维发展特点的基础上，精心设计、巧妙设计。教师在讲授知识的过程中，教学语言要体现出思维发展的逻辑性。

例如，教师在讲解“波粒二象性”时，可以用提问的方式设计教学语言，让学生自己归纳结论。

教师：从19世纪初开始，托马斯·杨、菲涅耳、马吕斯等分别观察到了光的干涉、衍射和偏振现象。我们知道波能发生干涉、衍射。既然二者都能发生干涉和衍射，那么我们可以得出什么结论呢？（类比推理）

学生：光具有波的性质。

教师：对，19世纪60年代和19世纪80年代，麦克斯韦和赫兹先后从理论上和实验上确认了光的电磁波本质，所以光具有波动性。

教师：我们前几节课在学习光电效应和康普顿效应时，知道光在介质中与物质微粒相互作用时，实质上是光子与介质中的微粒发生了相互作用。我们通过α散射实验中微观的两个粒子可以发生相互作用的现象，可以得出什么结论呢？（类比推理）

学生：光具有粒子的性质。

教师：很好，同学们再归纳一下光的性质。

学生：光既有波动性，又有粒子性。（归纳推理）

教师：既然光具有波粒二象性，那么为什么光有的时候表现出粒子性，有的时候表现出波动性，而我们并不能在一个实验中同时观察到光的波动性和粒子性？我们可以从两种现象的产生条件来考虑。

学生：当光的波长大于等于狭缝或障碍物的线度时，光才显现出明显的波动性，光的粒子性不明显；当光的波长远小于狭缝或障碍物的线度时，光的粒子性明显，光的波动性不明显。

通过教师和学生之间的问答，可以得出光具有波粒二象性，并让学生感受到对于宏观物体不可想象的波粒二象性在微观世界却能实现，使学生进一步认识到矛盾的对立统一性和事物发展的辩证统一性是认识微观世界的基本法则。

从物理核心素养的品质来看，高中生的物理观念、科学探究和科学思维都明显增强，他们一般不满足于书本或教师提供的现成答案，喜欢独立思考，能对自己的思考进行检查和评价。同时，高中生的思维广阔性和深刻性也有了一定的发展，喜欢在不同的知识和时间领域进行思考，探究事物或现象的本质及原因。

下面以能量的转化和守恒为例：一辆小车静止在水平地面上，当教师给小车一个初速度后，小车运动一段时间以后将再次静止在水平地面上。物理教师可以采用执果寻因的方法来讲授这个例子。

教师：当小车再次静止在水平地面上时，小车的能量是多少？

学生：零。

教师：那小车原来的动能呢？

学生：由于小车受到摩擦力的作用，小车的动能逐渐减少，最后动能转变为热能散失掉了。

教师：小车的动能是怎么获得的呢？

学生：是老师提供的。

教师：对，我们在生物课上知道，葡萄糖氧化提供人体活动所需的能量，并且释放大量的热量，维持人体的体温，所以老师提供给小车的动能只占葡萄糖氧化所释放能量的一部分。

此外，教师还可以采用循因导果的方式来讲述。具体采用什么方式，教师要根据学生的思维特点和教学内容进行选择。

（二）加强教师自身知识修养，促进其教学语言的深刻性

教师的知识修养主要表现在知识结构方面，教师的知识结构对教师的教

学质量有着直接的影响。虽然国内外学者对教师的知识结构的构成有着不同的认识，但是大致可将其概括为三个方面的内容：专业知识、科学文化基础知识、教育学与心理学知识。教师只有具备了良好的知识结构，才能够将其运用到教学当中去，才能够更好地组织教学语言，进而促进其教学语言的深刻性。另外，教师在不断地丰富自己的知识结构的同时，教师的知识层面、知识领域都会得到一定程度的扩展，尤其是在逻辑思维能力上会得到很大程度的提高。要加强教师自身知识修养，需要做到以下三点。

1. 加强物理学科专业知识的学习和研究

教师要成功地完成教学任务，首先必须做到的就是精通自己所教学科的专业知识，对所教学的全部内容有深入透彻的了解。特别是对一名高中物理教师而言，具备系统的、完整的物理学知识是非常重要的。

首先，物理学基础知识作为物理专业知识的一个方面，在教师的课堂教学中是不容忽视的。物理学基础知识包括物理学的基本事实、基本概念、基本规律以及它们之间的联系。教师在讲授这些内容时，必须准确无误地传达给学生，不能把含糊不清或者是错误的东西教给学生。要想做到这一点，教师必须在对这些知识熟练掌握的基础上才能实现。物理作为一门自然科学，讲究准确性。因而，教师教学语言必须讲究科学性，只有准确、科学，才会使语言更深刻，更具有逻辑性。

其次，物理科学方法也是物理专业知识的一个重要方面。在中学物理教学中，涉及的物理学的一般研究方法主要有观察、实验、抽象、理想化、比较、类比、假说、模型、数学方法等。这些物理科学方法作为物理教学的一个重要组成部分，与课堂教学语言有着很大的联系。物理学科的特点决定了其科学方法在教学中的应用，虽然这些并不是通常所讲的课堂教学语言，但是它却在一定程度上有助于课堂教学语言的顺利进行，并且会使课堂教学语言更加具有说服力、更透彻，组织起来更具逻辑性。其实，无论是观察、实验，还是比较、类比，这些科学方法和教学语言的目的是一样的，就是要把知识教授给学生。因此，要使课堂教学语言具有逻辑性，物理科学方法的培养是不可或缺的。

2. 重视与物理相关学科知识的学习和掌握

在高中各门自然科学课程中，物理的综合性、实践性和思想性是最强的，几乎涉及自然学科的各个领域。这就要求物理教师除了要掌握丰富的物理专业知识以外，还要重视和加强与物理相关学科知识的学习和掌握。就拿数学来说，数学是表达物理内容的语言工具，而且是物理学进行逻辑推演和定量计算的工具，没有数学这个工具，物理概念和规律的表达、推理论证就难以进行。物理概念和规律的表达、推理论证是物理教学的重要组成部分。教师要在课堂上组织教学语言，数学知识及数学方法的运用是必不可少的，没有数学这个工具，物理概念和规律就无法表达，教学语言就会显得苍白无力，也就无从谈及逻辑性了。逻辑学是研究逻辑思维的科学，只有懂得逻辑学，才能更好地思维，更有效地思维。如果懂得逻辑学，人们就可以掌握各种思维形式的本质和特点，以及进行逻辑思维时必须遵循的规则和正确的思维方法，从而使思维活动更加自觉地循着正确道路进行。在物理中有着丰富的逻辑因素，逻辑学能帮助人们更迅速、更深刻地去理解教材、去解答问题、去论证自己的论断，以及严谨且前后一贯地叙述自己的思想，从而运用富有逻辑性的语言表达出来。

加强与重视物理相关学科知识的学习并不仅仅是指这些，在课堂教学中，要使教学语言具有较强的逻辑性，还会涉及其他学科知识的积累和运用。这就要求教师在平常注重积累，并运用到课堂教学中去，丰富课堂教学语言，努力提高教学语言的逻辑性。

3. 教育学和心理学知识也是加强教师自身修养的一个重要方面

物理教师要想胜任教学工作，仅仅掌握物理专业知识是远远不够的，还必须具有丰富的教育学和心理学知识，加强教育学和心理学知识的学习和研究也是非常重要的。教师学习和掌握了教育学、心理学的相关知识，在教学过程中就能够掌握学生的心理发展特点，并且结合这些特点组织教学，知道在某种特定主题、问题或议题上，如何针对学生不同的兴趣与能力，把学科知识予以组织、表达和调整，并进行教学，这样在课堂教学语言的设计上也会得心应手。

如果教师缺乏教育学和心理学的基本知识，不了解学生的心理特点及发展规律，就没有办法根据学生的心理特点进行教学。所以，教育学和心理学知识的欠缺会影响教师处理教学问题的科学性。没有科学性，自然也就不能建立语言的逻辑性。因此，加强教育学和心理学知识的学习对物理课堂教学语言逻辑性的培养是十分重要的。

（三）不断充实物理词汇，增强教学语言的丰富性

物理词汇是物理教学语言的组成材料，物理教学语言的质量与物理词汇的累积和选用密切相关。事实证明，只有掌握大量的物理词汇，才谈得上对物理语言的敏感，才能区别出事物间细微的差异，从不同的侧面和角度把丰富多彩的客观事物准确、生动地反映出来。这就需要物理教师从丰富的词汇中选出最能准确描述物理内容的词语，突出重点，抓住关键，学生既不费解，也不误解，充分提高语言的效率。大量的物理词汇可以增强教学语言的丰富性，从而使物理教学语言更具有逻辑性。

下面以“等离子体”和“重力场”的教学为例进行简要论述。

“等离子体”是讲授速度选择器时遇到的词语，这个词语在高中物理课本中没有提到，而学生在处理实际问题时经常遇到。如果学生不知道这个词语，就很难把握物理问题的实质，这就需要物理教师充实学生的词汇。

第一步：等离子体是指被激发电离的气体达到一定的电离度，气体处于导电状态，这种状态的电离气体就表现出集体行为，即电离气体中每一带电粒子的运动都会影响到周围带电粒子，同时受到其他带电粒子的约束。由于电离气体整体行为表现出电中性，也就是电离气体内正负电荷数相等，所以称这种气体状态为“等离子体态”。

第二步：向学生讲解等离子体的应用——速度选择器和等离子体发电机，包括这两种器材的原理、结构和应用。

“重力场”在高中物理课本上也没有出现，而且很多高中物理教师并没有讲授“重力场”这个词语，学生很难对“场”有个系统的认识。高中物理教师应该向学生介绍“重力场”这个词语，使学生从“场”的角度对高中物理有全新的认识。

第一步：在电场中的带电粒子受到电场力，同时具有电势能，电场力做功与路径无关，只与运动物体的起点和终点的位置有关；而在地球附近的物体都要受到重力的作用，同时具有重力势能，重力做功与路径无关，只与运动物体的起点和终点的位置有关。教师可以引导学生通过类比推理得出地球附近的物体要受到重力场的作用。

第二步：对于重力场、电场和磁场的统一性，物理教师可以指导学生从“场”的角度认识物理现象，更有助于学生认识物理本质，获得相关的物理观念。

（四）课前设计好教学语言，提高课堂教学语言的逻辑性

教师要顺利地开展教学，课前的教学准备是不可缺少的。课前的教学准备大致包括以下方面的内容：教材的准备、教学方法的准备、教具与学具的准备、课外资料的准备等。教师要把知识传授给学生，课堂教学是主要的方式，而课堂教学又是通过教师的教学语言来实现的。因此，教师除了要做好必要的课前准备外，还要设计好自己的教学语言。这既是教师在课堂教学中取得成功的根本保证，也是提高课堂教学语言逻辑性的一个基本条件。

教师在上课之前首先要对教学内容有一个系统的、清晰的了解，而且要把这些内容给学生讲解，让学生掌握这些知识，这是教师进行教学的根本。不同学科会有不同的特点，教师必须结合学科特点来进行教学，设计教学步骤、教学方案，组织教学语言，以最有效的方式把这些知识教授给学生。

高中物理课程本身的特性决定了教师在课前设计教学语言的必要性。物理是一门自然科学，开展高中物理教学的目的之一就是培养高中生的思维能力。高中物理教材本身就具有很强的逻辑性，是一个由浅入深、由现象到本质、由易到难的体系，教师在讲授时要把握每章节的知识点和其他章节的逻辑关系。概念、定律、基本规律构成了物理知识的主体，这些内容本身就具有很强的逻辑性，这就对教师的课堂教学提出了一定的要求：教学步骤要严密、严谨，教学语言要准确、科学，切忌含糊不清。要做到这一点，教师必须注重逻辑思维能力的培养。只有具有一定的逻辑思维能力，才能较好地组织教学，将知识之间的内在联系很好地结合起来，分析它们之间存在的逻辑关系。因此，没有课前准备是不行的，要用语言把思维表现出来，必然要经过一个组织过程。

第六章　核心素养下高中物理课堂教学环节

第一节　高中物理课堂导入环节

一、高中物理课堂导入概述

（一）课堂导入的概念界定

课堂导入是在课堂开始的3～5分钟，教师运用灵活多样的教学方法，引起学生注意，激发学生的学习兴趣，从而把教师的教学目标转变为学生的学习目标，建立知识间联系的一种教学行为。

课堂导入的方式有很多，但都有相似的结构，即“引起关注→组织指引→建立联系”。引起关注主要是给学生的认知进行定向。组织指引是给学生指明学习任务。建立联系是将新旧知识结合起来，以其所知喻其不知。按照这样的结构进行导入，可以帮助教师迅速创设融洽的课堂氛围，把学生带进一个与教学任务和教学内容相适应的理想境界，让学生能够专注于教师的讲解。

（二）课堂导入的功能

1. 集中学生的注意力

课堂导入的构思与实施要努力使学生的心理活动保持在教学行为上，抑制和避免与教学活动无关的刺激。实践表明，高中生的思维最佳时间是上课后的5～20分钟，之后会出现注意力下降或者受阻等情况。学生的注意力集中程度不仅与学习兴趣有关，还与刺激物（如教师的言行、自身的身体状况、已有的知识、期待心理、所学知识的有用性）等因素有关。上课伊始，大部分学生还停留在课间松散的状态，有的学生还陶醉在课间活动的兴奋情绪中，此时教师应通过精彩的导入把学生的注意力集中到物理课堂中。教师在课堂导入时应做到以下六点：使学生意识到本节课上讲授的知识的价值；采用刺激性强的材料进行导入；讲课时语音、语调应有抑扬顿挫的变化，动作协调优美；尽量减少无关刺激；着装端庄大方，切忌奇装异服或衣服色彩过于鲜艳；正确把握教具呈现的最佳时间。此外，教师还应在平时注重培养学生上课集中注意力的良好习惯。

2. 培养和激发学生的学习动机

当前教育领域，学习动机、学习兴趣等非智力因素对学生学习的影响日益引起教育界的普遍关注。学习动机是指激励并维持学生朝向某一目的的学习行为的动力倾向。学习动机在物理新课教学中具有以下四个方面的功能：

（1）唤起功能

在导入环节，当学生对物理新课产生迫切的学习需要时，就会引发学习内驱力，唤起内部的激动状态，激起一定的学习行为。

（2）定向功能

以学习需要和学习期待为出发点，使学生在物理课的开始就指向一定的教学目标。

（3）维持功能

在导入环节激发学习动机，能使学生在整堂课都保持认真的态度。

（4）互动功能

在物理课堂的引入环节加强互动，激发和强化学生内在的学习动机，提高教学效率，保证教学任务顺利完成。

心理学研究表明，浓厚的学习兴趣能使人脑和各种感官处于最活跃的状态，以最好的状态接受教学信息。对物理学习感兴趣的学生，会把学习物理当作内心的满足，而不是一种负担，这样就会取得较好的学习效果，且更容易在学习的过程中接受知识，并将其内化为自身发展所具备的行为品质，也就是核心素养。

好的课堂导入应能通过激发学生对所学知识的兴趣，使学生积极主动地学习，不仅能满足学生内心对知识的渴求，还会产生积极的情绪体验。所以，善导的教师应针对学生的个别差异，根据学生的年龄特征、知识基础、新课内容等，在教学伊始就设法激发学生的求知欲和积极的学习情绪。

3. 明确教学目的

教学目的是课堂教学的出发点和归宿。课堂导入应能使学生在一节课的开始就明确本节课的教学目的，从而使之后的一切教学活动紧紧围绕着教学目的进行。思维过程的开端永远是存在一定的课题，心理学将这种课题理解为在一定条件下在人面前出现的某个目的，人应当先了解这些条件，以便有达到这个目的（正确解决课题）的途径。教师要通过导入，让学生明确本节课的教学目标和教学内容，并自觉地以此为方向来监控、调整自己的思维和行为，提高学生的学习心向。高中物理教学是教师教与学生学有机统一的双边活动，不仅教师要有明确的教学目的，学生也应有清晰的学习目的，这样有利于师生相互配合，使教和学共同指向教学目的。在导入部分，教师与学生应确定共同的目标，并在之后的整个教学过程中一起努力，使整个教学以此为主线顺利展开。

4. 承上启下，为学习新知识做好铺垫

课堂导入的目的是引人入胜，是为了承上启下，使学生有准备、有目的地进入新知识的学习。教师在设计导入时，要充分了解学生已有的知识和能力基础，用其所知喻其不知，并从学生的实际情况出发，发挥教师的主导作用和学生的主体作用。如果在一堂课的开始就平铺直叙地讲授新知识，很难激发学生的学习兴趣，尤其是学习比较难的知识时，学生往往会觉得不知所云。相反，若能用情境化、丰富多样的导入，引导学生联系已有知识和经验，让学生发现新知识不是凭空而起，便可以较自然地进入新知识的学习。导入在学生已有知识与新知识之间架设起桥梁，为新知识与学生原有的认知结构建立起实质性的联系。物理课堂导入的方法有很多，如实验导入法、问题导入法、复习导入法、生活情境导入法、资料导入法、文娱导入法等，教师要根据所授新知识的特点和学生原有知识及年龄、认知特点，选择合适的方法。在备课时，教师应重视导入的作用，平时注意积累资料素材，发挥导入承上启下的功能，为学生学习新知做好铺垫。

5. 启发思维，加深审美体验

启发学生思维，加深学生的审美体验是课堂导入的另一功能。教师应让学生经历从不知到知，从知之甚少到知之较多的过程，通过一定的情境或者问题，启发学生积极思考。教师在上课一开始就应引导学生将学习与思考结合起来，使学生能尽快进入良好的学习状态，做好学习新知识的心理准备。同时，通过丰富多彩的课堂导入，让学生体会知识的美感，加深其审美体验。通过感受、观察、思考、体验，丰富学生的情感积累，为其学习物理知识奠定坚实的情感基础，同时使其成为学生学习物理的心理动力，提高学生的创造力。

（三）核心素养导向下高中物理课堂导入原则

1. 系统性原则

导入环节并不是孤立的教学环节，教学过程是导入、呈现、理解、巩固和结束等环节有机结合的整体。各个教学环节之间具有一定的联系，所以要把导入环节与课堂的其他环节综合起来考虑，做到环环相扣、一气呵成。教师在设计课堂导入时，要深入挖掘新知识与学生已有知识之间的联系，如同一章内容之间的联系，不同章节知识之间的联系，寻找新旧知识的联系点。在导入时，教师要以已有知识为先行组织者，以旧拓新，温故知新，为学习新知识做好铺垫，帮助学生理解和掌握新知识，这样才能调动学生的积极性，使学生自然地、有准备地进入新知识的学习。另外，导入过程本身包括预备、开讲、导入等小环节，这些也构成了一个完整的小系统。在这个过程中，还受到人、时间、空间、教材内容等多因素影响，所以导入设计也要考虑这些多维的系统因素，使整堂课饱满、完整、连贯。

2. 科学性原则

物理是一门以实验为基础的自然学科，在进行课堂导入时，教师首先要注重教学的科学性，从教学内容的科学性出发，无论是对物理现象、物理概念、物理规律的描述与表达，还是情境的设置、实验操作等，都应做到正确无误。导入是一节课的重要组成部分，它可以是对之前学习内容的复习，也可以是本节课教学内容的开始。教师导入的内容必须遵循科学性原则，引用的实例和实验要有充分的事实依据，切忌胡编乱造，对待教学要有科学的态度。教师应充分理解教学内容，根据学生的特点选择能激发学生学习动机的方式方法。教师对教学内容的理解不仅是认知层面的，还应包括思维过程、方法、情感价值观。富有科学性的导入，才能真正打动学生，引发其思考，激发其学习动机，并保证学生科学思维素养的健康发展。

3. 针对性原则

课堂导入要遵循针对性原则，主要从以下四个方面入手：一是针对教学内容设计导入。教师要充分考虑所授内容与教材其他章节内容的内在联系，导入内容应紧扣教学内容，帮助学生接受和理解新知识。二是针对教学对象的不同（如学生的年龄特点、心理状态、知识能力基础和兴趣爱好的差异）设计导入。对于不同班级的学生，教师应采用不同的导入方法和导入语。三是针对课型的不同设计导入。根据一堂课预计要完成的教学任务，可把课分为新课、习题课、复习课、实验课等。新课要注意温故知新，搭桥铺路；复习课要注意分析比较，归纳总结；实验课要注意理论联系实际。根据课型的不同，设计不同的导入方法，使用相应的导入语，这样才能发挥导入应有的作用。四是针对上课时段的不同设计导入。每节物理课的上课时段往往不同，学生的精神状态和心理状态也不同。例如，早上前几节课学生的精神通常比较饱满，可以选择逻辑性比较强的导入方式；最后两节课学生往往比较饥饿疲惫，这时教师设计的导入要能调动起学生的积极性；下午第一节课学生的精神比较涣散，难以集中精力，教师应尽量采用比较生动有趣的导入方式，如实验导入法、生活情境导入法等，激发学生的学习兴趣。总之，课堂导入要有针对性，明确教学目的，这样才能满足教学需要，才能取得好的教学效果。

4. 启发性原则

启发性原则是指以学生为学习的主体，相信学生愿意学习、能够学好，同时强调教师的作用，从实际出发，要求学生在各种活动中积极地思考，动手、动脑，完成认识上的飞跃。富有启发性的导入可以使学生进行积极的思维活动，发展其思维能力。因此，教师在设计导入时应遵循启发性原则，从上课一开始就引导学生进行联想和想象，提高学生的思维能力。一方面，教师要能启发学生发现与物理有关的问题；另一方面，教师要让学生学会从物理学的角度明确表述这些问题。当学生无法直接回答问题时，教师应耐心地引导，循循善诱，最后指导学生准确表述自己的观点。研究物理规律时，教师要启发学生发现客观事实与其原有认知的矛盾，从而思考、讨论、解决问题。

5. 贴近生活、联系实际的原则

高中物理课程标准的一个重要特点是重视与生活、生产的联系，重视与技术、社会的联系，其提出的一个教学建议是：使物理贴近学生生活、联系社会实际。从现实情况来看，这也是大部分学生所希望的。物理应源于生活、自然，又服务于生活、自然。在课堂导入环节中，教师应适当联系实际，创设教学情境，引入现实生活和大自然的美，这样不仅让导入的艺术形式丰富多彩，还可以让学生更贴近艺术的源泉——生活。

要重视物理与生活、社会的联系，需要从两个方面着手，即教学内容和教学方式。一方面，要使教学内容和学生生活联系起来，激发学生的学习热情，增强实践意识，提高学生发现问题和解决问题的能力，拓宽视野，形成科学的世界观与价值观，并且可以把日常生活中、运动场上、工业生产中、家庭里各种学生熟悉的物理现象发掘、收集、选择、融入课堂导入中。另一方面，要在教学方式上使物理贴近学生生活实际。高中物理课程标准在必修模块提出了多条关于教学方式的实例和活动建议，教师可以借鉴这些实例和建议，在课堂引入时，运用具体的实例，让学生在实践中得到感性的体验，并用已有知识解释教师提供的例子，发现其中的不足，再通过之后的新课学习完善解释。同时，教师也可在上课前安排学生进行调查，在课堂引入部分汇报调查结果，再进行进一步的研究，增强学生把物理学知识创造性地应用于生活、生产和社会实际的意识。此外，教师还可以用学生常见的生活器具，把瓶瓶罐罐带进课堂，进行演示实验，拉近物理学习与生活之间的距离，为后面新知识的学习作铺垫和心理准备。这些操作有助于学生树立起正确的物理学习观，让学生感受到物理学习的价值，继而促使学生形成良好的科学态度与责任，建立起使用物理知识改变生活的信心和决心。

6. 趣味性原则

进行课堂导入的一个很重要的目的就是集中学生的注意力，激发其浓厚的学习兴趣，通过新颖有趣的导入，让学生的大脑和各种感官处于活跃状态，从而更好地接受教学信息。如果教师忽略了课堂导入的趣味性原则，就会使导入平淡无味，很难使学生产生高昂的情绪和积极的学习动力，从而冷漠地对待学习，并且容易产生疲惫的感觉。所以，物理教师应设计生动有趣的课堂导入，在教学之初就设法吸引学生注意，提高其学习兴趣，使学生产生认识世界、获得知识、不断追求真理的愿望。比如，教师可以通过趣味性的故事、实验、视频进行引入，也可以设置情境，让学生做游戏、表演情景剧等，寓教于乐，营造轻松愉悦的课堂氛围，让学生乐于接受新知识。

7. 审美性原则

物理学习中包含美学的因素，如物理知识的智慧美、物理公式的对称美、物理实验的奇异美，以及物理理论所表现出来的和谐美、简洁美、逻辑美。因此，教师在物理课堂的导入部分应注重把物理学所蕴含的各种美的因素外显出来，变成物理教学美的过程，从而使物理教学富有艺术感召力。遵循审美性原则，有利于激发和调动学生学习物理的积极心理因素。除了物理的科学美与艺术美之外，教师在预备、开讲、导入阶段也应注意自身的仪表美、教态美、语言美。这些美感的产生，会使学生在情感上产生愉悦感，从而引起学生情感上的共鸣，使学生在愉快的氛围中参与学习。遵循审美性原则，可以让物理学习成为一种美的享受。

8. 简洁性原则

高中一节课通常是40～45分钟，在这么短的时间内，教师要完成多项教学任务和内容，因此，导入时间应控制好。课堂导入的设计要遵循简洁性原则，做到短小精悍、语言精练、操作简便，切忌复杂烦琐、冗长拖沓。导入主要起引子的作用，如果在导入部分故意绕弯子，夸夸其谈，就会喧宾夺主，使整堂课头重脚轻，当学生开始学习本节课的重要内容时，注意力已分散了，进而影响了教学效果和教学任务的完成。在进行导入时，教师应选择最有效的方法，在最短的时间内缩短教师与学生、学生与教材之间的距离，让学生迅速集中注意力，激起学生强烈的求知欲，创造愉快的学习氛围，使学生想学、乐学。

9. 多样性原则

课堂导入的方法和形式是多种多样的，不同的方法和形式都有自己的特点，也有其适用条件和适用范围，所以不能把某一种方法看成是放之四海而皆准的最佳方法，也不能绝对地否认某一种方法。在具体教学中，教师应根据教学目的和要求以及各方面的实际情况，特别是学生的实际情况，选用多样的导入方式。在此过程中，切忌生搬硬套、千篇一律地采用一种导入形式，只有不断推陈出新，才能产生出奇制胜的效果。因此，课堂导入应遵循多样性原则，不断给学生耳目一新的感觉，从而有效刺激其感官，吸引其注意力。教师应针对实际情况，精选丰富多样的素材，经常变换导入的形式和方法，丰富课堂导入。

二、核心素养导向下高中物理课堂导入方法与案例

（一）物理课堂的种类和特点

高中物理课堂中，课的种类主要有概念课、规律课、实验课和习题课。

1. 概念课

高中物理学科所涉及的物理知识大多数是普通物理学中最基础的知识，主要是一些基本概念和基本规律的学习。可以说，在高中物理学科中最重要的就是基本概念的学习。在高中阶段，大多数学生认为物理是一门比较难的学科，很多学生的物理成绩不太理想。出现这种情况的原因有很多，学生对物理概念掌握得不太好是一个很重要的原因。而概念课的课堂教学又是比较枯燥的、无趣的，所以教师在进行概念课的教学设计时要花费更多的精力，尽量使概念课的教学更加精彩而有趣，以提高学生的学习兴趣。同样，在设计概念课的课堂导入方案时，教师要针对概念课的教学内容，联系学生的日常生活实践，设计出新颖的课堂导入，以激发学生的学习兴趣和学习动机。在设计物理概念课的课堂导入方案之前，教师有必要对物理概念课的教学过程有一个基本的了解。

在高中物理概念课的课堂教学中，主要包括四个环节：第一环节是引入物理概念。这一个环节相当于课堂导入这一环节。这一环节的主要任务是为学生创设一个感性的物理情境。在这个环节中，可以采用实验的方法、展示实物或视频等其他的直观导入方法为学生提供感性认识，并从这些感性物理现象中归纳总结出相关的物理概念。第二环节是建立物理概念。这一阶段主要的任务就是在第一环节的基础上，通过对物理现象的感性认识进行分析、

综合，忽略次要因素，抓住这些感性认识的本质特征，使之在学生的头脑中形成物理概念。第三环节是讨论物理概念。这一环节中的主要任务是教师引导学生对已经建立的物理概念进行讨论，以深化学生对物理概念的认识，使学生牢牢地掌握物理概念。第四环节是应用物理概念。

2. 规律课

如果说物理概念是物理学科的基础，那么物理规律可以说是物理学科的支柱了。在高中物理阶段，教师之所以花费大量的时间进行物理概念的教学，其目的就是使学生更好地理解物理规律，并能对物理规律应用自如。物理规律课的教学过程和概念课一样，也要经过四个环节，分别是引入物理规律、形成物理规律、讨论物理规律以及应用物理规律。

3. 实验课

物理是一门以观察和实验为基础的学科，所以实验课在高中物理课堂中占有很大的比例。高中生普遍认为，物理概念课和规律课比较枯燥无味，物理实验课相对而言更加有趣。物理实验课更能激发学生的学习兴趣，学生上物理实验课的积极性普遍较高。这样看来，在进行实验课的教学时，对课堂导入方案的要求就没有概念课和规律课那么高了。其实不然，在高中物理课堂中，导入的作用除了吸引学生的注意力和激发学生的学习兴趣之外，还有明确课堂教学目的以及联系学生头脑中新旧知识的作用。在高中物理实验课中，课堂导入可以使学生明确这节课的教学任务和实验目的，使学生在观察教师的演示实验时知道重点观察什么，在自己做实验时也能知道自己的目的是什么，做到有的放矢，而不是瞎看一遍或瞎忙一通。在高中物理实验教学中，主要有教师演示实验和学生自己动手操作的学生实验。针对不同的实验课，教师应该如何设计一个合理的课堂导入，是教师需要思考的一个问题。教师必须充分地认识到，物理核心素养中的科学思维、科学探究、物理观念、科学态度与责任四大素养都与物理实验课的有效开展有关，因此，探索物理实验课的有效导入方法是十分有必要的。

（二）核心素养导向下高中物理课堂导入方法及案例

1. 利用生活化实验展开导入

物理是一门以实验和观察为基础的科学，许多物理知识都是通过观察和实验，经过认真思索总结出来的。通过实验的方法导入新课，既可以极大地提高学生的学习兴趣，使学生积极主动地参与到课堂教学中，还可以培养学生的观察能力和分析问题的能力，落实对学生科学探究素养的培养目标。如果教师在实验导入的过程中邀请几个学生参与进来，还可以培养学生的实际动手能力和物理实验的意识。物理实验分为教材上的实验、教师改编的实验和教师自制的实验。生活化实验属于教师自制的实验，指的是教师在导入新课的过程中，针对新课的教学内容，利用日常生活中随处可见的各种生活材料，经过教师的精心设计，模拟某种物理现象或者揭示某种物理规律的物理小实验。通过生活化物理实验导入新课，将学生的日常生活引入课堂教学中，能够使课堂教学更加具有活力和生命力。通过把学生生活中常见的各种生活器材设计成物理小实验，可以很好地吸引学生的注意力，发挥出物理课堂导入的积极作用。

案例

“反冲运动——火箭”导课方案，即“水火箭”的演示实验。

【课程特点分析】

这一节课的教学内容是人教版高中物理选修3～5第十六章第五节的内容。在本节课中，要求师生在课堂上用动量守恒的方法来分析反冲运动的原理。如果教师能在课堂导入环节中用学生日常生活中常见的材料制作一个火箭，并向学生演示火箭的发射过程，就可以很好地激发学生的求知欲，使学生对于了解火箭的运行原理充满好奇，这对接下来课堂教学的顺利开展有很大的促进作用。基于核心素养目标，教师要实现对学生相关物理观念素养的培养，并激发学生的实验意识，在一定程度上实现对学生科学思维和科学探究素养的培养。

【方案设计过程】

实验材料：1.5 L的大可乐瓶1个、透明胶带、橡皮塞、气门芯、硬纸片3片、石头、打气筒。

在上课之前，教师先在空的可乐瓶底部放入一个大小合适的石头并用胶带粘成锥形，以此作为火箭头，然后在可乐瓶靠近瓶口的地方粘上3片硬纸片，作为火箭的尾翼，并塞上装有气门芯的橡皮塞。在课堂导入这一环节，往可乐瓶中装适量的水，并用打气筒向瓶内打气，打气打到足够多时拨开打气阀，向学生演示“火箭”的发射场面。

【方案设计评价】

在这个实验中，所有的器材都来自人们的日常生活，都是学生非常熟悉的物品，可以说是随处可见的，有些甚至是大家丢弃的废品，教师用这些器材设计课堂导入方案，一定会给学生一种耳目一新的感觉。在本节课一开始就向学生展示这样新颖的实验，一定可以很好地激发学生学习反冲运动并了解其原理，对提高教学效果有很大的帮助。这个实验除了设计新颖、材料容易获得外，还有一个很重要的优点，那就是安全。可乐瓶是一种极好的材料，打气的时候不容易炸开，相较于演示用黑火药或其他东西制成的火箭来说，安全系数更高。

案　例

“摩擦力”导课方案，即进行“绳子吊空酒瓶”的魔术。

【课程特点分析】

这一节课是人教版高中物理教材必修一中第三章第三节的教学内容。摩擦力在高中物理的概念中占有非常重要的地位，是高中物理一个重要的基础知识。摩擦力分为滑动摩擦力和静摩擦力两种，这两种摩擦力的产生条件和影响因素以及两者之间的规律都有很大的不同。由于摩擦力的复杂性，学生对学习摩擦力可能提不起学习兴趣，所以在“摩擦力”这节课的教学中，采用生活化实验的方法导入新课显得很有必要。摩擦力是现实生活中学生经常会接触到的，学好摩擦力有助于提高学生的物理观念素养水平，让学生以后的学习更加顺利。

【方案设计过程】

实验材料：不透明的空酒瓶 1 个、橡皮擦 1 块、绳子 1 根。

在上课之前，教师找到一个完全不透明的空酒瓶，去掉瓶盖；再找到一块橡皮擦，把橡皮擦磨成球状，使之恰好能够塞进酒瓶内；最后找到一根绳子，绳子最好粗糙一点，以便增大摩擦力。在上“摩擦力”这节课时，在上课一开始，教师就向学生提出要表演一个魔术给学生看，即用一根绳子插入酒瓶内，把酒瓶提起来。教师走下讲台，向学生展示绳子和酒瓶都没有问题，在学生面前摇晃酒瓶，表示酒瓶是空的（由于球形橡皮擦是软的，所以摇晃时不会发出声响），然后在学生面前把绳子插入酒瓶，把酒瓶倒过来，最后用绳子把酒瓶提起来了。看到这不可思议的一幕，学生一定会产生极大的好奇心，一定非常想知道教师是如何做到的。此时，教师可以向学生揭秘：由于瓶口橡皮球和绳子之间存在摩擦力，所以绳子提起了空酒瓶。在此基础上，教师可以进一步引导学生进入新课“摩擦力”的学习中。

【方案设计评价】

这个课堂导入方案中所有的实验材料都取自日常生活，是生活中很常见的东西，比较容易得到。而且，这个生活化实验导入方案通过魔术表演的形式导入新课，能够为学生设置很大的悬念，对学生造成比较大的冲击力，能够极大地吸引学生的注意力和激发学生的好奇心，使学生有了解这个魔术原理的欲望。在教师向学生解释这是由于摩擦力后，学生对摩擦力这一重要的物理学概念就会产生极大的学习动机和兴趣。另外，这个导入方案对于活跃课堂气氛、提高教学效率有很大的帮助。

通过生活化实验导入新课，可以很好地吸引学生的注意力，激发学生的学习兴趣和动机，使课堂教学顺利进行。在设计生活化实验导入新课的方案时，教师需要注意以下三点：

首先，材料要选自日常生活，且要容易获得。这要求教师做一个生活中的有心人，热爱生活，看到生活中有用的器具要注意收集，有些在生活中要丢弃的废品，多考虑一下它们是否可以用来制作成物理仪器，如空可乐瓶、没用的电线、各种管子等。用生活中的瓶瓶罐罐来制作仪器，设计能够很好地激发学生学习动机的生活化实验导课方案。

其次，仪器尺度一定要大。在用生活化实验导入新课的过程中，教师一般是通过演示实验的方式导入新课的。在演示生活化实验时，为了让所有的学生都能观察到实验过程，教师所选的生活化器材尺度应该尽量大点。

最后，实验结构要简单，现象要明显，目的要明确。只有这样，才能在导入环节这短短的 3～5 分钟内完成生活化实验的演示，并使学生观察到明显的现象，促进学生进行思考，更加有效地引导学生进入新课的学习。

2. 利用新旧知识之间的联系展开导入

高中物理学科的知识体系逻辑结构非常紧密，每一节教学内容都不是孤立存在的，而是与前后的知识构成一个关联紧密的体系。利用新旧知识的联系展开导入，是通过复习旧知识导入新课的方法。这是高中物理教师经常使用的导入方法。通过复习旧知识，找到旧知识与要学习的新知识之间的联系，通过类比和提问等方式导入新课。

利用新旧知识的联系导入新课，这种方法简单便捷，有利于教师操作，对教师的要求也不高。虽然通过新旧知识的联系导入新课的方法对大多数高中物理教师来说都是比较熟悉的，但是不同的教师用同样的方法可能效果并不一样。这就要求教师在设计利用新旧知识联系的导课方案时要注意以下三点：

首先，新旧知识要有紧密的联系。在导入新课的过程中，如果教师所复习的旧知识与这节课的教学内容并没有多大关系，那么课堂导入的作用就体现不出来。

其次，找到新旧知识的联系点。在使用这种方法导入新课时，一定要仔细找准新旧知识之间的连接点，并通过类比、提问等方法引导学生进入新课的教学环节。

最后，注重导入的简洁性。在用该方法设计课堂导入方案时，要注意语言简洁，对旧知识的复习一定要把握好时间，要尽量找到一个与新课联系最为紧密的知识点，找到新旧知识之间的关联，促进学生进行积极的思考。

3. 通过设置悬疑展开导入

美国著名的教育学家和心理学家布鲁纳曾指出：“教学过程是一种提出问题和解决问题的持续不断的活动。”在物理课堂一开始的导入环节中，教师应通过创设物理情境，引导学生发现问题。教师可以巧妙地设计一个悬念，使学生发现某个物理问题，却不清楚其中的原因，这样学生就处于一种“心求通而未达，口欲言而未能”的心理不平衡状态。在这种状态下，学生对教师提出来的悬念充满兴趣。教师在课堂导入环节中引导学生注意到悬念之后，就可以趁着学生充满学习动机的时候导入新课。

4. 利用物理学史展开导入

物理学是一门研究物质运动规律的科学，它的历史非常悠久，从人类开始钻木取火的原始阶段，就与物理学结下了不解之缘。从古希腊的亚里士多德开始思考物体的运动到牛顿的三大定律，物理学一直伴随着人类社会的发展而不断发展。漫长的物理学史是人类追求真理而不断向前进步的一个写照。物理学史可以为教师设计课堂导入方案提供绝佳的素材，物理教师可以通过讲述一个伟人的小故事导入新课，也可以通过物理学史上出现的争论导入新课，还可以通过讲述某个规律曲折的探索过程导入新课。通过物理学史导入新课，除了能提高学生的学习兴趣、提高课堂教学效果外，还可以培养学生的科学素养，了解科学家探索物理知识的过程和方法，知道如何正确地进行科学探索，这是落实对学生进行物理核心素养全面培养的有效途径。

5. 利用生活实例展开导入

物理学是一门与生活息息相关的学科，它源于生活，更服务于生活。但是，在高中阶段，有很多学生都感觉高中物理相比初中阶段的物理更加难学、抽象。如果教师在课堂导入环节中通过引用与学生生活联系紧密的生活实例来导入新课，一定可以很好地吸引学生的注意力，提高学生的学习兴趣和动机，还可以使学生切身体会到物理就在大家身边，有极其重要的实际用途。通过生活实例导入新课，还可以培养学生应用所学的物理知识处理实际问题的能力，培养学生理论联系实际的能力，对促进学生的物理核心素养的全面发展有着重要的作用。

教师在设计生活实例导入新课时，可以选择学生生活中经常遇到的事例作为素材，也可以引用重大时事或新闻作为素材，还可以选择生活中常见的物品导入新课。通过生活实例导入新课，一方面，可以提高学生学习物理的兴趣，让学生从生活实例中具体的感性认识慢慢上升到对物理知识比较抽象的理性认识，这符合高中学生的认知特点，可以提高高中物理课堂的教学质量；另一方面，还可以让学生体会到物理就在我们周围，生活中处处蕴含着物理知识，要做一个生活中的有心人，培养学生学以致用的能力。

6. 利用认知冲突展开导入

所谓认知冲突，指的是一种特殊的认知状态，指个体意识到个人的认知与真实的情况不一致，或个体认知本身的内部结构不一致所引起的一种心理状态。在现实生活中，由于每个学生的成长环境不同，导致他们对同一件事的认知也有所不同，这些认知中有些是正确的，有些则可能是错误的。如果教师在课堂导入环节，针对学生某些错误的认知，通过引导的方式让学生认识到自己错误的认知，使学生处在认知冲突的心理状态中，那么学生出于对正确认知的渴望，对接下来的教学内容就会充满学习动机，可以使教学任务高质量地完成。在正式设计利用认知冲突的导课方案前，教师有必要对与认知冲突相关的一些知识有所了解。学生在没有接受正式的物理学教育之前，通过自己的观察、体验和思考，对各种物理现象与物理过程的理解和认识叫作前概念。在这些前概念中，有些是正确的认知，它可以在学生学习相关的知识时产生正迁移的作用。而利用认知冲突导入新课的方法则是充分利用学生在日常生活中所习得的错误前概念。利用学生的认知冲突导入新课，就是在进行物理概念或规律的教学活动之前，让学生充分暴露出自己错误的前概念，激起学生新旧知识之间的矛盾，形成学生的认知冲突，运用或改变其前概念，建构新知识，生成科学概念。

在高中物理课堂中，可以利用学生的认知冲突导入新课，针对学生的错误认知精心设计教学陷阱，引导学生不断地进行思考，使学生认识到自己的错误，从而带着疑问进行新课的学习。利用学生的认知冲突导入新课，既可以引出学生错误的前概念，使学生在一种矛盾的心理状态下进入新课的学习，也可以很好地激发学生学习物理知识的积极性和主动性，使学生对物理学习充满兴趣。与此同时，在导入新课的过程中彻底暴露学生的一些错误认知，可以使学生在新课的学习中纠正自己的错误认知，这样有利于提高学生的物理学习效果。

在设计利用认知冲突导入新课的方案时，教师可以通过以下两种方式创设认知冲突：

一是利用学生已有知识的不足。在学习物理之前，学生往往对生活中的某些物理问题有着自己的看法，但是由于知识水平的不足，某些观点或看法可能是错误的。在课堂导入环节，教师可以利用学生的这些不足创设认知冲突，导入新课。

二是借助演示实验。教师在课堂导入环节向学生演示某个实验，而在实验前学生可能会有某些错误的观点，这时，教师可以通过实验结果与学生观点之间的矛盾导入新课。利用认知冲突导入新课的关键就是教师要注重组织和引导学生，要及时抓住学生的认知冲突，使学生产生矛盾的心理，让学生非常想解决这些矛盾，使得学生对接下来要学习的物理新课内容充满学习动机和了解的欲望。当学生处在这种认知冲突的心理状态中进行新课的学习时，一定可以使本节课的教学质量得到极大的提高，很好地完成教学任务，实现教学目标，让学生获得正确的物理观念和科学思维。

7. 运用现代化教育技术展开导入

随着科学技术的快速发展，以多媒体教育技术为代表的现代教育技术在学校教育中得到了广泛的应用。相比传统的“一张嘴，一本书，一支粉笔”的课堂教学，现代教育技术的优势主要体现在以下三个方面：

一是化抽象为具体，促进学生的理解。有许多高中生认为，物理学科是一门比较难学的学科，其中很重要的一个原因就是高中阶段的物理比初中物理的内容更加抽象。高中物理中多是一些关于物质运动或自然界一些现象的本质规律的学习，这不符合学生从具体到抽象的认知特点，学生感到抽象、难学。而现代教育技术可以通过投影、视频等方式为学生提供感性经验，这对帮助学生理解抽象的物理概念和规律有很重要的作用，进而为学生物理观念和科学思维的发展助力。

二是活跃课堂气氛，让课堂教学精彩起来。现代教育技术通过图片、动画、声音、文字和视频等多媒体的形式向学生展示教学内容，使课堂教学内容图文并茂。

三是创设教学情境，激发学生兴趣。从现实情况来看，这是现代教育技术在高中物理课堂中起到的最大作用。高中物理重点培养的是学生从自然现象中忽视次要因素，通过归纳总结找到事物本质规律的能力。这个过程需要学生自己去完成，而不能用现代教育技术展示给学生。

高中物理课堂重点是培养学生进行正确的科学探索活动，而不是让学生记住物理概念和规律。现代教育技术在课堂导入环节中有着重要的作用，通过动画、图片、视频的形式，可以在短短的几分钟内把生活中发生的情形展示给学生。在物理世界中，有许多的物理现象是学生难以接触到的，如天体的运行、微观物质的运动等，如果教师在课堂导入环节中用现代教育技术将其展现出来，就可以创设出良好的教学情境，牢牢地吸引学生的注意力，激发学生的学习兴趣。

运用现代教育技术导入新课的方法最适合用于导入学生在日常生活中接触不到的、没有感性认识的物理课堂。比如，研究天体的运动规律或微观世界的运动规律。对于这类物理课堂，如果教师在课堂导入环节中通过运用现代教育技术为学生展示相关的视频、动画以及图片等素材，那么，在为学生提供感性认识的同时，还可以很好地吸引学生的注意力，提高学生对物理课堂的兴趣。运用现代教育技术导入新课最大的优势，就是可以通过精彩的视频、动画、图片等素材吸引学生的注意力，可以创设愉快轻松的课堂教学氛围，这对提高课堂教学效果有很大的帮助。

教师在设计运用现代教育技术导入新课的方案时要注意以下三点：

首先，注意把握好时间。在运用现代教育技术导入新课时，所引用的一些视频或动画往往时间不短，可能在3～5分钟内不能播放完。这就要求教师在课前做好准备，针对该节的教学内容截取最好的一段。

其次，抓住关键，导入新课。在运用现代教育技术导入新课时，往往会出现视频或动画等素材太过吸引学生注意力的情况，这时教师要抓住问题的关键，促进学生进行思考，要把学生的注意力从这些有趣的素材中转移到对新课的学习中来。

最后，注重导课实效，切忌过分形式化。教师在运用现代教育技术时，要密切联系教学内容，要在视频或动画一播放完就引导学生进入新课的学习，不能一味地追求课堂的新颖性，用大量的视频或动画吸引学生的注意力，甚至用一些与教学内容无关的素材，这样会形成喧宾夺主的局面，非常不利于教学任务的完成，也使得教学目标无法顺利完成。

第二节　高中物理课堂提问环节

一、高中物理课堂提问概述

（一）课堂提问的概念界定

1. 问

“问”的含义有很多种，而“问”的应用也有很多方面。在古代汉语中，“问”的意思有：请人解答、审讯和追究、考察、问候和慰问、馈赠、惩办、干预、命令、国家之间拜访、书信等多种。经过长期的演变，“问”的含义逐渐变得更加清晰，它所代表的语言意境也变得更为明确。在现代汉语中，“问”保留了向人请教、慰问、审讯、干预等含义。在这些意思中，都有寻求解答和强调的意味。因此，在日常生活中，当人们遇到“问”时，总是去寻求它的答案，或对其表述的内容加以注意。

“问”本身有强调、集中注意和引发思考的作用，它在表述说话者意思的同时，还能够吸引听众的注意，因此被广泛地应用在各种交流信息的环境中。然而，在不同的环境和行业中，人们对“问”的含义的理解和应用是不同的。对于新闻工作者而言，“问”的含义主要是了解对方的想法，获取信息。在外交官相互交流的过程中，“问”的含义最为丰富，几乎可以涵盖“问”的所有意义。

可见，“问”在字典中的含义是一定的。然而，不同行业的从业者在应用提问时都会对其含义和内容有自己的诠释。随着提问者对“问”的理解不同，“问”这种对话的方式在各行业中发挥的作用也大不一样，而提问过程中需要的技巧和对提问的设计也就有着很大的差异。“问”的含义越丰富，“问”的设计就越复杂多变。因此，要研究提问的设计，人们首先需要了解的就是课堂提问的含义。

2. 课堂提问

课堂提问是在课堂教学过程中，根据教学目标、要求、内容以及教学情境，精心设计问题，进行教学问答的一种师生互动的形式。

课堂提问是一种历史久远、应用广泛的教学形式。课堂提问既是教师课堂教学过程的有机组成部分，也是教师提出问题、解决问题、培养学生自主学习能力整个过程的首要环节。它的含义远远不止表面的意思，还有着更加深刻、广泛的含义。国内外诸多学者对课堂提问进行了界定。许高厚等指出：课堂教学提问是指在课堂教学中，教师根据一定的教学目标的要求，针对有关教学内容，设置一系列问题情境，要求学生思考回答，以促进学生积极思考，提高教学质量。皮连生对课堂提问的含义做出了更加具体的表述：提问是通过师生相互作用，达到检查学习、促进思维、巩固知识、实现教学目标的目的。申继亮、李茵等人将其概括为：教师最初的提问引导出学生最初的反应和回答，再通过相应的交流，引出教师希望得到的答案，并对学生的回答予以分析和评价，这就是一个完整的课堂提问过程。《心理学基础》做出这样的阐述：课堂提问是教师在课堂教学中向学生提出问题，引导学生回答问题，并对学生的回答做出适当的评价的教学方法。

课堂提问并不仅仅限于语言这种普遍的方式，还可以通过教师的一个眼神、手势、表情等传达信息的方式。通过课堂提问，不仅能巩固知识，反馈教学信息，纠正学生错误的思维，而且能调动学生参与教学活动的积极性，启发学生的思维，发展学生的口头表达能力，更好地形成完整的认知结构。

（二）核心素养导向下高中物理课堂提问的特征

1. 目的明确

课堂提问的目的或是引起学生注意，或是检查教学效果，或是引导学生突破难点，或是调动学生思维，或是提高学生的表达能力，但最终的目的是落实对学生物理核心素养的培养。对此，教师必须做到心中有数，目的明确。明确的目的指引着教师去设计问题，推敲提问的内容和形式，以及如何选择问答者，如何更好地评价学生的回答。例如，有时教师的提问不是为了得到一个正确的答案，而是通过提问启发学生思考，这时，评价的角度就不一样。

2. 要点清晰

课堂教学中所提的问题，在很大程度上体现了教学内容和教学进度的安排，所以这些问题必须遵循课程目标和教学内容的要求，不可偏离和扭曲课程目标与教学内容。提问一定要有清晰的要点，这些要点是围绕教学目标、教材重点和教学难点展开的，针对一个或几个具体内容进行设计的，要简明清晰，针对性强。这就要求教师认真研究教材和考纲，结合新课程标准对高中物理每一章节内容的教学要求和重点、难点等，做到心中有数。

3. 科学得当

学生在课堂学习时已经具备了一定的知识基础，在物理核心素养的各个方面也表现出了不同的高度，课堂教学中所提的问题一定要符合学生的年龄特点与认识水平，先易后难，有合理的梯度，使学生的物理核心素养能够从现有发展区向最近发展区跃进。课堂提问过难或过易，都不容易激起学生回答的热情。教育心理学研究表明，如果问题所要求的知识与学生已有的知识没有联系（这种联系指的是有意义的、本质的联系），那么这个问题就太难了，学生无法回答；如果问题所要求的知识与学生已有知识完全相同，那么这个问题就太容易了，学生凭记忆就能回答；如果问题所要求的知识与学生已有知识有联系，但又有中等程度的分歧、不一致，它对集中学生注意力、动员学生积极参与最有效，问题难易适当，学生通过学习可以回答。

4. 适时适量

为了进一步落实核心素养的培养目标，教师应该在最佳的时机提问，如学生的物理观念不清晰时，学生的科学思维难以落到实处时，或者学生对科学探究不感兴趣时。教师要恰到好处地把握提问的频率，问题的设置应是疏密相间，留给学生充分的时间进行思考。

适量就是指提问要抓住知识的关键，要对问题进行精心设计和组织，能用一个问题解决就不提两个问题，不能一个接着一个问，使课堂变成“满堂问”。提问数量过多，会使学生忙于应付，根本无暇深思，重结论轻过程，提问流于形式，用少数优等生的思维代替全班学生的思维。当然，教师也不能不提问或提问太少，如果教师全盘讲解，该让学生自己思考的问题教师也代劳，直接说答案，这样的课堂就变成了“满堂灌”。

适时就是提问要把握好时机。例如，当学生对所涉及的知识无法突破而使思维受困，或者对所学知识有所发现、有跃跃欲试的愿望时，提问是最合时宜的，有助于启发学生的科学思维，引导学生展开科学探究。当教师教到关键处、疑难处、含蓄处、矛盾处或异常处时，切不能放过这些提问的好时机，否则会失去训练学生思维、活跃课堂气氛和提高教学质量的机会。

5. 重在启发

基于核心素养的课堂提问应以诱导启发为主，具有启发性，让学生能够将问题转化为促进自身发展的动力。教师要善于使用问题诱导学生产生好奇心，集中注意力，激发学生踊跃地进行思维活动，从而使学生自主地进行思考。教师可以提示一些解决问题的方法，把线索抛给学生，引导学生广开思路，多方面、多角度地解决问题，让学生自己寻找正确的答案。在这个过程中，学生的科学思维能力将会得到提高。

二、核心素养导向下高中物理课堂提问策略

（一）提升教师对课堂提问的认识的策略

教师是课堂教学的组织者，特别是在物理课堂教学中，很多实验的操作、概念的理解以及规律的应用都需要教师对学生加以指导和干预。因此，教师对课堂提问行为的认识程度直接影响提问的质量。在新课程改革的环境下，教学的目标是实现对学生物理核心素养的培养。课堂提问是教学的重要环节之一，通过课堂提问来实现这一目标也是必不可少的。物理教师在运用课堂提问之前，有必要重新审视自己对课堂提问的认识和理解，树立正确的提问观。

1. 优化提问的意识

课堂提问能够引起学生的注意，激发学生的学习动机和兴趣，但课堂提问是否多多益善呢？当然不是。内容新颖、表达准确、能够引起学生积极反应的问题是有意义、有价值的问题。相反，枯燥而缺乏新意的问题，不但不能促进学生的思考，甚至可能损害学生学习的热情，进而影响到学生物理核心素养的发展。问得多、问得广不代表问得好。课堂上能够开发的问题是无限的，而课堂教学的时间却是有限的，在有限的时间内，提出值得思考的问题才是有价值的课堂提问。教师在理解课堂提问的过程中，不是要强化自己的问题意识，做到每事必问；而是要优化对提问的理解，做到最优问。

高中物理教师可以通过以下三种方式优化提问的意识：

第一，建立对课堂提问与核心素养的基本认识。从“问”的本质出发，理解不同情境中的“问”，比较课堂提问与其他场景中的提问之间有哪些异同。通过对提问的深入思考，捕捉物理课堂提问能够对学生物理核心素养发展的帮助，体会提问给课堂带来的裨益。

第二，体验问的过程。墨守成规、缺乏创新精神的教师很难培养出有创造力的学生，同样，在生活中不会发现问题的教师也很难在课堂上用提问启发学生的创新思维。伟大教育家孔子就是好问之人，所以他能够创造有启发性的优质问题。教师只有在生活中把自己培养成一个好问之人，尽力捕捉生活事件中的关键点，适时提问，体验问与思的过程，才能在课堂上成为一名

“善问之师”。

第三，丰富课堂提问的经验。在课堂观察中，人们发现经验丰富的老教师比年轻教师更容易抓住课堂提问的关键点，提出的很多问题直指大部分学生思考的误区和思维的关键点。这是教师在多年工作中积累的结果。课堂教学是一个动态变化的过程，不同学生对知识的理解和接受程度不同，但处于高中学习阶段的学生的年龄和智力发展水平却是相对稳定的，因此，学生的认知存在很多共性的内容。通过观察、积累和分析，教师能够丰富自己提问的经验，反思问题对学生的影响，不断提升自己提问的意识，在实践中打磨出最优质的提问。

2. 转化提问的观念

教师要转化自己提问的观念。教师在课堂提问的过程中要对学生有正确的态度，树立平等的学生观。在传统的高中物理教学过程中，课堂提问是教师对学生的校正环节，教师在课堂上具有很高的权威，并用自己的权威教育学生和影响学生。教育社会学研究表明，在课堂教学中，应答多半是满足别人的问题、命令或请求中所含要求而采取的言语或非言语的行为。学生对教师的应答是对教师要求的一种服从，教师对学生的应答则是对学生的一种帮助。几乎在所有的课堂教学中，学生指向教师的语言交往行为基本上都是学生个体在回答教师的提问，或者全班学生按照教师的要求回答问题。课堂教学中，学生对教师的应答是一种基本的课堂服从行为，它是学生对教师权威的服从的主要成分。

在新课程改革的环境下，物理教学的目标是实现对学生物理核心素养的培养，这个过程属于学生对知识的内化、自我构建过程。在这个过程中，为了控制课堂，教师需要维持自己的权威，但这种权威绝不是教师身份所赋予的传统的权威，而是要在知识、技能、人格情操等方面成为学生敬仰的偶像。这样，学生在课堂上的服从就会上升为主动地模仿教师的行为，学习教师的品格、才能、行为举止并认同，成为自己人格中的一部分，继而在潜移默化中提升学生的核心素养。

教师应怀着平等、谦和的态度对学生进行提问，诱导学生提出见解，使学生由应付、服从转变为主动跟随教师的思考，自觉加工学习的内容。此外，教师还应该适当地给予学生发表见解的机会。提问和分析问题都是一个人思维独立的表现，而独立的思考是创造的前提。

课堂上学生发表的见解是十分可贵的，即使其中有许多不成熟之处，但至少学生参与思考的精神值得鼓励。因此，教师在课堂中应该打破自己的权威，在关注学生见解的同时，鼓励学生思考。

3．淡化提问的气氛

很多学生认可提问的作用，思考提问的内容，但却不愿意参与回答的过程。还有很多学生认为："心里想，不举手回答也是一样的。""会的时候愿意，不会的时候不愿意。"为了缓解学生的压力，教师在课堂中应努力创设轻松的课堂氛围，使学生处于松弛的心理状态，不用担心说错会给自己带来困扰，这样容易激活学生的思维。另外，在轻松的环境中，学生思考的维度更宽阔，不容易产生焦虑的情绪，有助于解决问题，对学生核心素养的发展也是有巨大帮助的。

（二）设置发问点的策略

发问点是教学过程中提出问题的切入点。在适宜的发问点处提问，不仅能够引起学生的兴趣，还可以引发学生的思考。相反，发问点选择不当，会使问题的功能变得单一，也会使学生陷入被动的回答中。因此，发问点的选择能够直接影响教师提出问题的质量。

1．重难点处引思考

教学过程中，通常在重点和难点的地方设置问题。教学重点和难点会成为学生在物理核心素养发展上的巨大阻碍，如学生对一个概念理解不透彻，就会限制学生在物理观念素养上的发展，在接下来的学习中，由于概念的不深刻，还会限制学生对相关概念的使用，继而影响学生的科学探究过程和科学思维发展，并降低学生对自我的期待，阻碍学生科学态度与价值观素养的发展。因此，对于教学重点和难点，教师一定要重视，要使用科学的提问方式，为学生物理核心素养的发展铺平道路。

对于重点知识，学生在初学的时候往往感觉很简单、好理解，其实并没有完全领会其中的深意及其在不同情况中的应用。教师应在这里设疑发问，启发学生深入思考、反复揣摩，以达到正确理解。难点知识是学生不易理解、易混淆的地方，在这里设置问题可以分解问题的难度，把握思考的方向，达到排疑解难的目的。在重点和难点知识处发问，可以采取以下方式捕捉发问点。

(1) 联系实际，应用知识

通过课堂学习，学生对重点和难点知识有了一定的认识和了解，但仅停留在知道的水平层面上。大多数的学生是被动地接受观点，缺乏思考。教师应联系日常生活中的现象，巧妙地设置问题，让学生运用学过的知识解决问题，这样不仅会使学生学以致用、获得成功的乐趣，还能激发学生积极思考，重新认识知识点。同时，在应用知识的过程中，学生的思考可能会遇到困难或矛盾，使原本处于无疑状态下的学生变得有疑。只有通过反复思考，才能真正完成对知识的理解。应用知识的过程既是学生不断自我提高的历程，也是培养学生对物理的情感的有效途径。物理学本身就是与实际联系紧密的科学，其中的很多内容都源于生活，让本属于实际的问题回归到生活中去，并运用它改造、解释生活中的问题，正是物理学习的目标之一。例如，在学习动量定理的过程中，学生有能力从已有的知识出发，推导得到动量定理的有关内容，但对这个定理缺乏实际的认识，这时教师从生活中已有的情境出发，联系实际创设问题，不仅能够帮助学生利用知识解决问题，还能使学生认识到物理学习与生活息息相关。

(2) 层层深入，连续发问

一般情况下，重点和难点知识分为不同的理解层次，而且是逐层递进、内涵不断深化的。在帮助学生理解这些内容的时候，教师需要将其拆解成不同的层次，并在每个理解层次上设置相应难度的问题，考查学生的理解水平，启发学生的思维，使其进入更高的阶段。在寻找这类发问点时，教师应该注意合理分解知识，太易会显得过于烦琐，太难则可能影响学生学习的积极性。按照最近发展区理论，要让大多数学生通过思考就能够完成不同难度层次之间跨越的过程，并在这个难度范围内，层层深入设置发问点，形成连续思考的局面。

(3) 矛盾争论，提问梳理

矛盾可以使学生的思维始终处于活跃的状态。通过解决矛盾引起的问题，会给学生留下深刻的印象，这是教师的讲解无法达到的，有利于提高学生的科学素养。物理学习中，容易引起矛盾的往往是学生生活中的经验与物理原理表面上的不统一。提问能够帮助学生反思矛盾，用物理原理解释生活中的现象，修正学生不客观的生活经验，得到正确的认识。课堂提问在解决学生内心矛盾、处理争论的过程中，不仅能够为学生梳理庞杂的知识体系，还能够让学生认识到科学是客观、理性的智慧，是需要切实证据来论证、解释的，不能用随意的臆测和“应该”代替科学的结论。因此，教师要善于把学生已有的知识和经验间的矛盾作为设计问题的突破口，启发学生去探究，把学生的认识逐步引向深化。

2. 平淡处引玄机

物理核心素养的培养目标是将物理知识和探究手段内化为学生自身发展所具备的品质或个性，是一种潜移默化的过程。教学中有很多地方看似平平常常，学生往往能够理解教师的讲授，但却不能将知识延伸到更丰富的层面上，不能纵向比较所学的内容，也就无法深刻理解知识。这时，教师会认为教学目标已经达成，学生也觉得自己完全学懂了。针对这些知识点，展开问题探究，可以成为落实对学生物理核心素养培养的重要途径。

尤其是在理解一些物理概念、规律的时候，尽管教师用简洁的语言描述了物理过程的本质属性，但初学者仅将它的表层含义作为认识的全部内容。其实，很多物理概念和规律不能仅从语义的角度理解，需要学习者不断地体会其中的深意。平淡的学习过程会让学生产生自满的情绪，使学生误以为理解的过程已经结束，从而停止思考。这时，教师应该及时为学生设置问题，引导学生理解文字中的玄机，让学生及时检测自己对知识的理解，寻找认识中的不足，引发学生的发散思维，增强学生的应变能力，培养学生思维的广阔性与深刻性。

事实上，教学过程需要像一幕戏剧一样跌宕起伏，这样才能使学生长期地保持学习的兴趣和乐趣。相反，平淡的教学过程容易使学生产生倦怠感，失去学习的动力，而且学生的物理核心素养也得不到发展。

当学习进入平缓的进程中时，学生思考的积极性大大减弱，教师应抓住这样的契机，创设新奇的问题，激起学生的思考，灵活地变换问题，丰富物理教学内容。例如，在学习了机械能守恒定律的相关内容之后，学生知道了定律的推导过程，并通过分析得出了定律的适用条件，基本掌握了这个定律，而且对定律本身毫无异议。这时，教师向学生提问：“机械能守恒定律是通过动能定理推导出来的，而动能定理又是由牛顿运动学定律得到的，所以能用机械能守恒定律解决的问题也可以用动能定理和牛顿运动学定律来解决。那么，它们在使用上有什么差异呢？大家如何选择才能使运算最为简便?”为了研究这个问题，教师可以与学生尝试使用不同的方法解决同样的问题，并讨论各种方法在解决问题过程中的难易程度。虽然学生已经掌握了相关知识内容，但并未透彻理解引入机械能守恒定律的目的。通过提问和解决问题，学生就能比较出各个定律在解决问题中发挥的作用，进而从根本上把握这个知识点。同时，通过解答这些问题，学生对物理研究的思想和方法也有了一个初步的体会，在这个过程中，学生的科学思维和科学探究等素养都得到了提高。

3．连接处引下文

课堂的开始和不同教学内容之间的转换部分都是教学的连接之处，是新的教学进程的开始，也是引入新知识内容的关键。教师对这些关键部分的处理是否精彩，将直接影响下面的教学是否能引起学生的注意，学生是否能快速进入学习的紧张状态。所以，在连接部分，教师应抓住提问的机会，精心准备问题，让学生进入积极响应的阶段，为下面内容的学习做好应有的心理准备。

课堂导入部分是一节课学习的开始，也奠定了学习的气氛和节奏。轻松而富有智慧的开始是成功的基础。能够引起注意的导入会使学生全程跟随教师的步调前进；相反，乏味枯燥的课堂的开始会使学生陷入沉闷之中，使整个课堂没有生机。

4．结尾处引兴趣

一堂好课应由矛盾而终，使其完而未完，意味无穷。在学习结束的时候，教师应根据知识系统，承上启下地提出新的问题。这样，不仅可以使新旧知识有机地联系起来，还可以激起学生新的求知欲望，为下一节课的教学做好充分的心理准备。在物理学习中，很多内容之间存在联系，有些知识是由前面的部分引发而来，知识之间相互衔接，构成一个整体。在课堂的结尾处发问，可以帮助学生引发新内容和以往内容之间的联系，为下一节的教学奠定基础。

（三）设计问题的策略

1．语言的设计

语言是思维的表达工具，是传递抽象的思维和思维成果的途径。同时，语言也是教师进行教学的特殊工具。课堂提问作为教师的一种语言行为，除了需遵守教学语言行为、讲解行为的相关要求之外，还需以提问的行为原理加以规范。

（1）简洁明确，清晰易懂

在提问的过程中，教师利用短暂的时间集中了大多数学生的注意力。由于时间有限，教师在表达问题的时候，语言应该科学无误。如果教师叙述问题的时候拖泥带水、思维混乱，就无法为学生呈现出清晰的问题，学生的思考也就无从入手。同时，问题的表述应该语义连贯、句式完整。提问中插入的内容虽然能够帮助学生回顾一些知识，但容易转移学生的注意力，打乱问题的完整性。在叙述完问题之后，教师应该适当地为学生重复问题的关键部分，帮助学生更快地理解问题的核心内容。

（2）轻重相辅，有张有弛

教师一般用几个句子表述问题的内容。在发问的过程中，教师的语言应当错落有致，轻读与重音相辅相成，为学生描画出丰富的物理世界，在问题的关键处和转折的部分加重语气，给予学生提示，暗示学生集中思想，参与思考，注意即将出现的提问。教师语气、语调的不断变化，可以为学生传达或松弛或紧张的情绪，为学生创设出丰富的课堂氛围，让学生置身其中，身心受到感染，体验有张有弛的学习过程。反之，如果教师语气和语调平缓、均匀，就无法让学生抓住问题的重点，情绪上也不会出现波动，课堂就会变得单调、乏味。

（3）幽默诙谐，轻松愉快

幽默的语言能够缓解课堂紧张的气氛，让学生轻松愉悦地思考问题。物理教学中，有许多与生活有关的现象，其中充满了智慧和乐趣，只要教师悉心挖掘，就可以找到幽默的引发点。通过幽默的提问，课堂气氛变得轻松愉快，学生更愿意投入提问中来，乐于参与这样的课堂活动。教师应善于运用各种句式，变换提问的形式，运用不同的问法，集中学生的注意力，增强提问的趣味性和学生回答的积极性。提问语言的变化能不断地给学生带来新意，给学生提供更多发表自己想法的机会和更广阔的回答空间。另外，物理是探索自然的科学，自然是博大而美丽的，质朴的语言能叙述自然的变迁，但却不足以勾勒自然的美与厚重。在提问的过程中，教师需要关注对学生的人文教学，将自然之美用生动的语言展现在学生面前，让学生在获得客观科学知识的同时，体验科学的和谐。教师应开发物理教学中的美学元素，丰富提问的语言，让自然科学之光折射出人文科学的灿烂，这样有助于学生科学态度与责任素养的健康发展。

2. 内容的设计

问题是思维的火花，能够在教材内容和学生认知结构之间制造不协调，从而使学生在现有知识和经验发生矛盾的过程中产生学习的动力。在设计问题的内容时，教师需要注意以下四个方面：

（1）情境化

所谓问题情境，是指学生提出问题或接受教师提出的问题，从而产生好奇心与学习愿望的情境。将问题置于一定情境中，能够帮助学生迅速地转化思维，寻找出思考的角度。同时，情境应与学生熟悉的内容相联系，能够有效地吸引学生的注意。将解决问题的条件隐含在情境中，能够在增加问题难度的同时，提高学生的敏锐程度和细致水平。问题情境的设计应与现实相结合，考查学生对知识的掌握和运用能力。此外，情境还应具有一定的复杂性，让学生感到探索的价值。教师在设置情境时，要考虑学生认识能力的发展水平，使问题情境的已知和未知之间的距离处在最近发展区。

（2）有序性

提问的有序性是指教师根据一定的原则，运用一定的方法，对其在课堂教学中前后所提问题之间的相互关系的设计安排。教师在提问的过程中，要根据问题内部的逻辑关系安排问题的顺序，将不同的问题紧密地联系在一起。同时，设计问题顺序的时候还要考虑学生的认知规律、思维规律以及物理课堂教学的规律，根据问题编排中组织结构的特点，设计出既符合学生实际情况，又符合教学目的的有序的问题体系。问题的顺序可以是层层递进，节节相扣；也可以是众星拱月，大问题统领小问题；还可以是追本溯源，追寻问题的本质。无论按照什么样的顺序进行提问，都要保持提问的顺序性，防止问题跳跃过大或彼此孤立。

（3）预测性

教师的提问不应是心血来潮，问题要围绕一定的教学目标进行设计，既希望学生通过对某个问题的探究形成相应的物理核心素养，又为了锻炼学生的创造性思维等，避免无效的问题对学生的理解造成干扰。当一个问题提出后，教师应做到心中有数，知道问题的大体方向，或是答案的各种可能。同时，教师还要对学生的回答做出预测，并针对学生的回答予以正确引导，纠正学生思维的误区，使其达到或接近预定的教学目标。教师要全面把握问题的内容，猜想不同程度的学生会从什么角度思考问题，以及思考如何启发学生的思维，并及时根据学生回答的情况拓展问题的影响范围，保证提问的广泛性。

（4）创新性

课堂提问是教师与学生之间对话的过程。物理课堂上，教师提出的很多问题有着固定、标准的答案，这就限制了学生思维的开阔性。学生面对提问时，总是试图寻找教师心中的正确答案，用对或错来衡量自己回答的水平，忽略了自身思维的发展。对此，教师应该关注学生对问题的理解，在设计问题的时候给学生更多发挥自我的空间，让学生能够抓住机会表达自己的想法。在解决物理问题的时候，问题的结果大多是固定的，但学生思考的角度和方法未必相同，所以课堂提问应该加强对学生思考过程的关注程度，让学生阐述自己解决问题的灵感是如何产生的，帮助学生认识自己思维的过程，这样有助于巩固学生的物理观念，发展学生的科学思维。

3．情感的表达

教师在教学的时候要把学生当作一个有思想、有情感的独立个体来看待，提问时对学生以诚相见，平等地对待每一个学生，建立师生之间深厚的情感基础。教师的提问不是长辈对晚辈的检验，而是像朋友一样，和学生共同探讨知识，要在提问的过程中让学生感受到来自教师的关切和温暖，消除学生紧张的情绪，建立和谐的课堂氛围，并为学生提供敢于自我发挥的空间。教师在表达情感的时候要注意面向全体学生，平等地对待每一个人，不能因为一些学生的认识发展缓慢而忽略了他们的感受，要注重与每个回答者之间情感的交流。教师在与回答者进行情感交流时，要关注与其他学生之间的情感交换，让学生感受到来自教师的关心。

（四）叫答的策略

教师的课堂提问既是一种技巧，也是一种学问、一门艺术。在课堂上，面对所有学生，教师提出的问题应该是具体而又全面的，要具有普遍的意义。如果问题忽略了大多数学生的感知，只是一个或者几个学生积极回应，提问就失去了意义。因此，教师课堂提出的问题应该为每个学生创造基本相同的回答机会。在此过程中，一方面，教师要适度抑制那些思维敏捷、积极参与回答问题的学生自由发言；另一方面，对于那些思维缓慢而沉默不语的学生，应该鼓励他们并给予他们更多的表现机会。从教学的实践情况来看，按一定的形式依次请学生回答的、学生可预见的规则的叫答方式要比教师随机叫答的方式效果好。因为规则叫答方式可减轻学生的焦虑程度，有利于学生集中注意力，而且教师随机叫答时多倾向于让学习优秀的学生回答，这对能力较差的学生不公平。由此可见，在课堂提问的过程中，教师需要尽可能地控制回答的学生，选择不同程度的问题让不同水平的学生参与讨论或回答。实际上，教学中的师生互动不仅要考虑学生对提出的问题本身的理解和应用，作为问题的提出者，教师更要考虑提出的问题对于其他学生学习的影响，尽最大可能让全体学生从师生互动中领略到对自己有益的启示，这样才能体现出提问的高效性，并且有针对性地培养学生的物理核心素养。

在教师提问过程中，叫答范围的广泛与否，将直接影响教学效果的好坏。所以，有经验的教师通常的做法是保证全体学生在一个单元教学的时间内基本都有相当的被提问（即叫答）的机会。这样，既能为所有学生提供平等的锻炼机会，保证和谐的师生关系，又能在物理教学中加强全体学生的学习兴趣和动力，提高课堂教学的效率，更好地落实核心素养的培养目标。

（五）倾听的策略

在课堂上，教师提出问题以后，学生会立即对问题表露出来的信息进行理解和处理，形成自己的观念，并通过语言或行为回答反馈给教师，而教师得到回答后的行为表现（肯定或者否定、热情或者冷漠等），将会直接影响到教师所提出的问题是否能保持师生双向交流的进行，以及学生能否对提出的问题有连续的热情。所以，认真倾听学生发言的过程是教师在提出问题后要特别重视的问题。教学实践表明，既不催促也不轻易评价的做法效果较好。

其实，学生的思维是异常活跃的，在教学实践中，学生别样的思维、另类的回答，经常会给教师的教学带来意想不到的效果。在教学过程中，认真倾听学生的回答且不轻易地打断他们的叙述，不仅是对学生回答的一种鼓励和尊重，更能有效地促进教师的教学。所以，教师要学会倾听，不要轻易打断学生的回答。另外，在倾听的过程中，尊重并平等地对待学生是每位教师必须遵循的原则。教师应在鼓励学生自由地发表个人意见的同时，耐心等待学生发言结束后再纠正或者讨论学生的错误，并尽可能多地探究他们的思维闪光点。

比如，在探究描述匀速圆周运动的物理量的教学实践中，教师提问："可以从哪些方面来比较物体做圆周运动的快慢？"大多数学生从以下四个方面回答：比较单位时间内物体通过的弧长，比较单位时间内物体转过的角度，比较一秒钟内物体转过的圈数，比较物体转动一圈需要的时间。但也有学生可能回答：比较单位时间内物体和圆心连线扫过的面积。此时，教师就应该仔细分析并把这类回答归结为前两类回答，然后给予学生鼓励。除了叙述语言外，教师的行为语言在倾听的过程中也能够发挥意想不到的作用。有时，教师一个会心的微笑会缓解学生回答过程中的紧张情绪，一个理解的眼神会鼓舞学生对不确定问题的坚持，一个肢体行为可以让学生感受到教师的期待。这些非语言行为能成为师生心灵交互的桥梁。

（六）反馈的策略

教师及时、准确地对学生的回答或提出的问题做出评价，是课堂提问应具备的重要环节。因为教师要知道教与学的效果如何，只有通过教学评价才能获得最准确具体的信息。比如，学生对知识掌握了多少，教学中还存在哪些盲点等，从而有针对性地实施下一步的教学，取得更好的教学效果，落实对学生物理核心素养的培养目标。在此基础上，完善之前的教学计划和方法，也就达到了教学相长的效果。在课堂上，当学生回答结束后，教师的反馈意见直接影响着学生的学习心理。教学实践表明，积极有效的反馈对于建立和谐的师生关系是有很大意义的。有效的反馈不但能让学生明确自己是否完成了学习目标，而且对提高学生的学习兴趣、增强学生的自信、激发学生的学习动机等都有很大帮助。有时，教师不经意的消极反馈就会让学生处于比较被动的学习状态，甚至会使一部分学生失去学习兴趣，进而影响学生的发展。在回答问题的过程中，不同学生的回答肯定不同，教师的反馈也就应该因人而异。那些思维敏捷的学生的回答往往迅速而坚决，也充满自信，教师的反馈首先要考虑到保护他们的自信。无论学生的回答全面与否，教师都要先肯定学生的回答，然后继续倾听他们对问题的进一步解释，最后再对学生阐述的思维过程进行有针对性的点评。在此过程中，教师要注意帮助那些仍然理解不了问题的本质、存在诸多疑点的学生获得正确的理解。

不是所有学生都能全面、细致地思考和回答问题，实际情况下，很多学生总会因为这样或那样的原因忽略问题的一些条件，甚至存在知识上的漏洞，所以他们对问题的回答往往犹豫不决或者不全面、不完整。对此，教师应该了解他们上述种种表现的原因，并给予恰当的反馈，最好在表扬与鼓励的前提下，教师与学生互动讨论，帮助学生梳理自己对问题的认识，分析学生对问题认识的不确定或不全面因素的来源，层层分析，细化问题，找出忽略的条件，提供新的思考线索并最终解决问题，如此才能有效地锻炼学生的科学思维素养。在此过程中，教师还要注意保持良好的情绪，以消除学生害怕批评、不敢正视问题的顾虑。

当学生回答问题完全错误的时候，是否采取恰当的反馈方式能够直接反映出一个教师的教学业务素质。此时，有经验的教师会及时弄清学生出现错误的具体原因，通过正确的引导，帮助其改正错误的想法，或是将问题拆解，或是转换问题的内容，或是变换问题的角度等，最终找到解决问题的最佳方案。

总之，教师的反馈策略是由学生对问题的回答情况决定的，教师要通过学生的不同回答方式和结论调整与进一步完善自己的策略。教师在反馈的过程中需要仔细观察反馈对学生的影响，之后不断丰富自己的策略，努力提高自己的课堂提问能力，进而实现课堂提问的高效性。

第三节　高中物理课堂实验环节

一、高中物理实验教学概述

（一）核心素养导向下高中物理实验教学的要求

1. 强调探究过程与方法

脱离物理知识单独介绍科学方法，学生很难真正理解科学方法的内涵，也难以用所学的科学方法解决问题。物理核心素养的形成，要求学生进行充分的探究学习，即需要经历科学知识的发现和学习过程。

高中物理新课程标准将核心素养作为物理教学的最终目标，其中的物理观念、科学思维和科学探究素养也强调了实验过程，如“通过实验，探究加速度与物体质量、物体受力的关系”“通过实验，认识洛伦兹力”。高中物理新课程标准对实验教学的要求是，促使学生经历科学探究过程，认识科学探究的意义，尝试应用科学探究的方法研究物理问题，验证物理规律。通过物理概念和规律的学习过程，了解物理学的研究方法，认识物理实验、物理模型和数学工具在物理学发展过程中的作用。学生能计划并调控自己的学习过程，通过自己的努力解决学习中遇到的一些物理问题，有一定的自主学习能力；参与一些科学实践活动，尝试经过思考发表自己的见解，尝试运用物理原理和研究方法解决一些与生产和生活相关的实际问题；具有一定的质疑能力，收集信息和处理信息的能力，分析、解决问题的能力和交流、合作的能力。

2. 倡导交流与合作

把“交流与合作”的基本理念融入实验教学过程，是新课程标准的创新点。新课程标准中有“交流讨论日常生活中表面张力现象”等，司南版教材有“讨论与交流”栏目。科学交流对科学发展的巨大作用是有目共睹的。首先，科学家可以通过交流从其他科学家的研究中获得启发，确定自己的研究方向，如法拉第从奥斯特发现电流的磁效应中获得启发，投身于由磁场产生电流的研究中；其次，通过交流可以发现自己研究的不足，改进自己的理论和观点，如美国物理学家戴维逊在研究镍对电子的散射时，曾发现电子被散射后出现类似光的干涉、衍射图样，他把这些归因于镍靶中出现大块晶体。当了解到德布罗意的物质波理论后，他才意识到这可能是由电子的波动性造成的。同样，在探究性实验过程中，学生由于背景知识的差异和看问题的角度不同，对同一事物的认识存在着很大的不同，要形成比较一致的科学结论，有效的方法就是让他们把各自的看法表达出来，在同学之间交流看法。美国国家研究理事会编写的《科学探究与国家科学教育标准——教与学的指南》中对交流技能的要求是，学生公布他们的解释，使别的学生有机会就这些解释提出疑问、审查证据、挑出逻辑错误、指出解释中有悖于事实证据的地方，或者就相同的观察提出不同的解释。

3. 重视将信息技术应用到物理实验中

课程改革要大力推进信息技术在教学过程中的普遍应用，促进信息技术与学科课程的整合。高中物理新课程标准提出，要重视信息技术在高中物理实验中的应用，加快物理实验软件的开发，如可以利用计算机实时测量来绘制电磁感应的电压变化曲线，利用软件的交互性培养学生的实验能力。人教版教材在“做一做”栏目中多次介绍了信息技术在实验中的应用，例如，“用计算机绘制图像”“用传感器研究作用力与反作用力的关系”等。另外，学校计算机配置情况的改善也为教师将信息技术应用于实验提供了可能，有的学校还有现成的资源可以利用，如仿真实验、实验示范视频等。此外，教师也可利用计算机、投影仪和视频展示台展示一些图片、动画等，或者利用计算机网络为学生提供必要的资源。

4. 实验要具有灵活性与开放性

实验的开放首先要求实验室的开放，这是学生进行自主实验的基本条件。高中物理新课程标准要求：应最大限度地利用实验室现有器材，力求利用多年闲置的器材开发新的实验；充分地开发和利用实验室的丰富课程资源，尽快改变实验室的封闭式管理状态，实验室应尽快向学生开放，鼓励学生主动做课外实验。这样，可以让学生去熟悉、接触和选择实验器材，进行科学探究，有助于落实对学生科学探究素养的培养。其次，实验要具有实验内容的开放性和实验方法的灵活性。高中物理新课程标准与过去的高中物理教学大纲不同，它没有对实验的具体做法、使用的器材等做出硬性的规定，一些探究活动的结论也不是唯一的。一方面，学生所做的实验未必是高中物理新课程标准所要求的实验，也不必是教材上出现的实验，它可能是学生在探究的过程中发现的新问题，也可能是日常生活中遇到的物理问题；另一方面，高中物理新课程标准倡导利用日常用具做实验，这样就可以因地制宜地进行实验教学，使学生充分开动脑筋，提出不同的实验方法，同时充分观察物理现象发生、发展的全过程，反复品味其中的物理学原理。

（二）核心素养导向下高中物理实验教学环节的原则

1. 注重培养学生的良好习惯，形成优秀品质

教育学家乌申斯基对习惯问题有着深刻的见解。他认为，良好的习惯就像是一种有效的道德资本，而不良习惯就像是一笔偿还不清的债务。

在物理实验教学中，养成良好的习惯对提升学生的核心素养有很重要的意义。拥有好习惯是培养学生严谨的科学态度、形成系统的物理观念、提升思维与创新能力的根本前提和保证。比如，实验教学培养学生认真观察的品质，让学生逐步形成观察意识，教会学生运用恰当的观察方法，养成良好的观察习惯，培养善于观察的能力等。通过观察演示实验，使学生获得具体的、明确的物理观念。这是发展物理观念素养的必要基础。

在物理实验过程中，还可以培养学生交流合作的素养。学生之间、师生之间的合作探究与沟通交流能培养学生积极、乐观的心态，使学生学会与人沟通交流，与他人友好相处，采纳他人的不同意见，正确处理与他人的关系，提高自控能力，使自己变得优秀。

科学品质是在科学探究中培养的，离开了实践和实验，科学就成了无根之树。同样，科学精神的培养必须建立在科学实践的基础之上，如科学精神中实事求是的态度，坚持真理、不怕挫折、不怕失败的精神，在科学实践中才能真正养成。因此，教师应该给学生提供尽可能多的实践和实验的机会，使学生在科学实践中锻炼和体验，培养学生求真务实的品格，让学生在实践中培养科学精神。

2. 重视学生物理基本观念的构建

物理观念的建构是发展学生物理核心素养的重要基础。物理观念包含物质、运动、相互作用及能量等相关内容。

爱因斯坦指出："在建立一个物理学理论时，基本观念起了最主要的作用。物理书上充满了复杂的数学公式，但是所有的物理学理论都是起源于思维与观念，而不是公式。"高中物理实验教学不是为了解题，而是为了让学生领悟实验中科学的思维逻辑、严谨的探究过程，从而增强学生的实践意识，养成良好习惯，培养创新能力。

高中物理实验教学注重让学生领悟科学的思想方法，体验探究过程、感受物理学的美、增强实践意识、养成良好习惯、培养创新能力等都建立在物理概念的建构过程和物理规律的探索过程中。物理观念体系的完善是学生真切感受物理思想方法的前提。如果学生连基本的实验原理都搞不清，就无法理解实验的奥妙，更谈不上发展物理核心素养。高中物理实验中设置了许多体验性的活动，如人教版高中物理必修一第二章第五节有一个"做一做"小实验——"看看你的反应时间"，学生非常感兴趣，原理也很简单。通过反应时间的计算，帮助学生理解了基本公式，完善了知识体系，增强了动手实践的意识，培养了学生的物理核心素养。因此，教师要多创设情境，多设置小实验，这样有利于学生知识的建构，使学生获得更多的物理知识，使学生的物理观念达到较高的标准，这是发展学生物理核心素养的重要基础。

3. 着重培养学生的科学思维与创新能力

创新能力的培养已经成为各国教育的主流趋势。创新精神是一个民族进步的灵魂，是国家兴旺发达的动力，提高学生的创新能力是发展学生核心素养的重要方面。在教育过程中，要培养学生的创新意识，使学生勇于提出自己的独到见解，提出创造性的设计方案，并将设想变成现实。

物理实验教学在培养创新能力上有着天然的优势。物理实验教学培养学生的创新能力应从调动学生的兴趣入手，从实验内容、方法开始，让学生愿意参与到实验中去，观察实验现象。实验原理的理解、数据处理过程都能培养学生的创新意识和创新能力，探究性实验能使学生由感性的认识提高到理性的认识，由形象的思维提高到抽象的思维，使学生的思维得到训练，能培养学生严谨务实的科学态度。

比如，探究性实验、设计性实验都需要学生完成实验过程，这样能充分调动学生进行实验的主动性，而且能留给学生进行创造性思维和创造性活动的空间。这些实验需要学生综合运用学过的原理和方法去构思设计新方案，这是对学生知识和能力的迁移，能够极大地增强学生的实验技能。例如，教师可以组织学生进行“热气球吊重物比赛”，思考采用什么材料制作热气球、采用什么样的点火方式、整个装置的配重如何设置等。随着研究的深入，参与的学生会不断地遇到挑战，而通过解决这些问题，学生的综合能力会有所提升，教师应该为学生提供更多的机会，让他们提高自身的创新能力。

4. 关注学生模型构建、问题解决能力的培养

模型构建能力是把生活中的问题用物理知识概括出来。学生学习物理的过程，是学习物理模型的构建过程，也是解决物理问题的过程。实验教学要关注学生解决问题能力的培养，在教学设计和教学实施过程中重视情境的创设，让学生多动手实验，这样不仅可以满足学生操作的愿望，更重要的是，可以让学生不断体会发现问题、克服困难、解决问题、获得成功的喜悦，从而提高学习兴趣，增强信心。

物理模型是对物理原型的高度抽象化和概括化，是物理学研究的重要思想方法。问题解决能力的提升能使学生思维能力有更好的发展，使学生已经具有的直观思维向抽象思维转化，还能够根据已有知识进行推理和论证，使学生的思维能力得到很大的进步，使学生更加乐于探究，提升学生的物理核心素养。比如，汽车启动过程可抽象为两种模型——匀加速启动和恒定功率启动。这些都是最简单的模型构建的培养。类似的还有质点、理想气体、点电荷等，以及匀加速直线运动、匀速圆周运动、平抛运动等。培养学生核心素养的重要维度之一就是要培养学生的模型建构能力，培养学生将物理情境通过一定的方法分解为简单问题的能力。例如，通过模型构建使学生知道，即使是很复杂的运动也都是由人们熟悉的匀变速直线运动、平抛运动、匀速圆周运动或者是动量守恒过程组合而成的。

二、核心素养导向下高中物理实验教学策略

（一）树立正确的物理实验教学观念

核心素养是当前课程改革的热门话题，虽然教师普遍对物理核心素养有了一定的了解，但在进行教学设计时，很多教师仍未把它列入教学目标当中。也就是说，核心素养的培养还没有真正落到实处，教师对应用物理实验培养

学生核心素养的认知还在浅层阶段。要想通过物理实验教学培养学生的核心素养，教师必须先了解物理核心素养的内涵，树立正确的以培养学生物理核心素养作为物理实验教学目标的观念。

1. 增强教师对物理实验的重视程度

教师对物理实验的重视程度至关重要，不仅决定实验的次数，也影响着学生对物理实验的态度和重视程度。物理是一门以实验为基础的学科，物理实验是物理教学的基础与核心，物理概念与规律往往是从实验中得出来的。高中生对物理实验具有较为浓厚的兴趣，并具有强烈的操作欲望，但学生的兴趣点在实验初期可能只是停留在实验对象本身，忽略了对事物本质的认识。这时，教师应增加演示实验和学生实验的次数，鼓励学生多做实验、多思考。

学生进行实验后，便能透过现象看本质，学会通过物理实验来理解物理过程，对实验数据进行正确的信息加工，总结得出物理概念与规律。此外，学生在实验过程中也会发现问题，并积极探索解决问题的方法。教师对物理实验的重视度增强，引导学生多做实验，能帮助学生逐渐形成科学探究的思维，有利于在实验教学中落实物理核心素养的培养。

2. 将物理核心素养作为实验教学目标核心

随着核心素养的提出，物理教学目标不应该只局限于知识与技能、过程与方法、情感态度与价值观三维目标。物理核心素养要求学生具备实验探究的意识，了解实验探究的过程，所以教师在教学目标设计中应注重学生提出问题、科学论证、反思交流等要素的培养。此外，教师在教学过程中应将科学思维素养的培养显性化，多联系生活实际，形成以物理核心素养为实验教学目标的实验教学形式。

3. 创设良好的实验条件

当前，高中物理实验教学完成度不高的一个重要原因是缺乏实验条件。学生只有在实验课的时候才会进入物理实验室，其他时间实验室并不对外开放，很多物理实验器材被闲置。如果物理实验室能在课程之外的时间开放，学生可以在课后进行实验，对课上疑惑或感兴趣的问题进行进一步探究，这样，不仅可以培养学生科学探究的意识与能力，还可以大大提高物理实验室资源的利用效率。另外，学校应加大物理实验器材的投入，不断完善物理实验器材。物理实验教学的基础条件是实验设备及器材，若不能满足教学需要，物理演示实验与学生探究实验都很难开展，更谈不上培养学生的物理核心素养。因此，实验器材的更新管理对物理实验教学是至关重要的。

（二）核心素养导向下高中物理演示实验教学策略

物理演示实验是当前物理实验教学中教师采用最多的实验方式，教师可以在课堂上向学生展示一些新奇有趣的物理实验，这样既能激发学生的学习兴趣，也可以很好地帮助学生理解物理知识，培养学生的物理学科素养。

1. 直观展现实验现象，构建物理模型

传统的物理教学容易使学生形成思维定式，不适合学生发散思维的培养。在实践教学中不难发现，学生的科学思维素养整体较为薄弱，学生对物理模型建构和科学思维方法了解不够，而且缺乏科学思维的训练，科学思维素养有待提高。因此，教师在物理教学中需要对科学思维培养加以重视。在实验过程中，教师应尽量将实验现象直观展示给学生，帮助学生建构物理模型。

（1）化抽象概念为直观现象，建立物理模型

在物理学习过程中，一些较为抽象的物理知识是学生理解与掌握的难点。这时，教师可以采用演示实验的方式来帮助学生掌握和理解这些难度较大、较为抽象的物理概念，将抽象的物理概念化为直观具体的实验现象，帮助学生建立物理模型，培养学生物理核心素养中的科学思维能力。

（2）联系生活情境，增强模型建构意识

当生活中出现与物理知识相关联的情境时，教师要引导学生将具体的情境化为相应的物理模型。比如，当看到铅笔从桌面上掉落到地上时，联系到自由落体、重力加速度等模型；看到苹果掉落，联想到地球引力模型；观看投篮动作，想到斜抛的物理模型。当需要应用物理知识解决实际问题时，人们需要有实际情境和物理模型之间相互转化的能力。在物理教学中，教师可以应用实验在学生头脑中留下直观、形象的物理模型，再通过教师的引导，对实验现象进行合理的简化与抽象，形成思维轮廓，建构物理模型，培养学生的科学思维。

（3）创设实验情境，启发学生的思维

如何启发学生的思维，引导学生进行思考与探究是教师在教学过程中需

要不断研究和探索的问题。生动有趣的实验情境往往可以激发学生的学习兴趣，增强学生的好奇心和求知欲，启发学生进行思考，这也是学生进行实验探究和形成科学思维的基础。

（4）递进设置实验问题，促进学生形成科学思维

物理核心素养的形成离不开学生思维能力的发展，学生思维能力的培养需要学生积极思考。在实验教学中，教师可以在实验过程中设置一系列问题，让学生以问题为导向展开思考，在解决问题中训练思维，通过问题的解决理解核心概念的内涵。

（5）构建师生共同实验模式，培养学生实验探究素养

部分教师与学生对物理演示实验存在一定的误解。物理演示实验并不是教师演示、学生观看与记录的过程，在物理演示实验教学过程中，教师要重视学生猜想、设计、互动、合作等学习元素。若将教师看作实验过程的主体，学生只在一旁观察，则会造成学生不经思考，机械记忆大量物理知识的情况，忽略了学生独立思考的能力，也丧失了物理实验教学的真正价值。

在课程改革的今天，演示实验的方式也应推陈出新。教师可以将自己一人演示转化为和学生共同演示，变教学为导学，化演示实验为师生协同实验，引导鼓励学生亲自动手，体验观察、分析、归纳的过程，教师化为学生中的一员，和学生共同探索物理规律。

2. 创新使用实验器材，培养学生的科学态度与责任素养

演示实验效果如何，在很大程度上受实验器材的影响。因此，选择来源简单、精确度高、操作简单的实验器材尤为重要。物理实验器材的创新是物理实验创新的重要部分，教师可通过实验器材的多样化使用，开阔学生视野，让学生体会物理与生活的紧密联系，培养学生的科学态度与责任素养。

（1）实验器材生活化，体现物理与生活的紧密联系

“从生活到物理，从物理到社会”是物理课程的基本理念。在人们的日常生活中，有许多小物件可以作为物理实验资源，开发出有趣的小实验。使用日常生活用品做趣味性实验，可以提高学生对物理的兴趣，激发学生的好奇心和求知欲。同时，学生可以从生活经验中直接了解物理知识。在实验器材的选择上，提倡学生选择尺子、水果、易拉罐、玻璃瓶等常见物品。就实验

内容而言，教师应该尝试把有关学生日常生活的实验现象安排为研究课题。例如，在学习圆周运动时，教师可以安排学生观察自行车旋转部件之间的关系，或者探究时钟、工厂传送带运转等问题。在超重与失重的教学中，教师可以用生活中常见的冰激凌纸杯和手电筒作为实验器材，向学生展现超重与失重的实验现象。

(2) 使用多媒体技术，扩宽学生视野

数字化信息系统的推广为演示实验创造了更大的空间，许多高难度、高精度的实验可以在高中物理课堂上完成，这也是实验教学的一大进步。除了数字化信息系统的使用外，教师还可以将生活中最常见的智能手机应用到演示实验中。

(三) 核心素养导向下高中物理分组实验教学策略

分组探究实验是物理实验教学中十分重要的实验类型。分组探究实验不仅能够帮助学生理解知识的生成和论证的过程，还能帮助学生掌握物理基本观念，提高实验探究能力。除此之外，科学品质和科学态度的培养也可以通过分组探究实验来实现。

1. 亲身体验实验探究过程，形成物理基本观念

记住了物理基本知识并不意味着形成了物理基本概念。学生只有亲身经历物理规律的发现过程，在过程中理解物理规律探究的思想、方法与观念，才能真正将其转化为物理观念。相较于传统教学，探究式教学改变了学生的学习方式，让学生从被动接受储存知识到主动发现建构知识。学生在探究过程中不是简单地将思维停留在具体的知识表面，而是要深入体会知识的内涵，深入探究物理知识背后的科学观念和方法，从而形成物理基本观念。教师引导学生从知识表面升华到知识内涵的过程，也是提升学生物理核心素养的过程。

2. 迁移实验内容，锻炼学生的思维能力

对于物理实验，尤其是形不同而质相同的实验，教师可以通过穿针引线的方式，引发学生思考，锻炼其思维能力。

(1) 探究思路的迁移

在实验探究过程中，探究思路是探究的灵魂与主线，学生需要明确自己

的探究思路，进而一步步地进行探究。高中物理实验中，很多探究实验的探究思路本质相同，探究思路的迁移有助于锻炼学生的科学思维能力。

（2）实验装置的迁移

实验装置的选择与设计在实验操作中是非常重要的。高中物理实验中，一种实验装置往往不只是探究一个物理规律。物理实验装置的迁移使用可以激发学生的科学思维，培养学生选择与设计实验装置的能力。

（3）实验方法的迁移

物理实验方法能够帮助学生探求物理实验规律，得出实验结论。实验方法在物理实验中也可以一法多用。放大法是高中物理实验教学中较为常用的方法。例如：在“观察微小形变”的实验中，需要将肉眼难以观察的微小形变进行放大，可设计细管放大或光学放大实验；在“用单摆测定重力加速度”的实验中，若直接测定一次全振动的时间，误差较大，实验结果不精确，可以测量30～50次全振动的时间，从而求出单摆周期。教师在教学过程中要善于对实验方法进行总结与分析。实验方法的迁移能让学生有效地了解以及应用此种实验方法，还能培养学生科学思维中科学方法灵活应用的能力。

3. 鼓励实验创新，培养学生的创新思维

创新思维是科学思维素养中需要着重培养的部分。从目前高中阶段学生的实际情况来看，学生在进行实验探究时，基本上采用教科书中的方案或教师给出的方案，极少数学生会自己进行实验创新，提出属于自己的实验方案。教科书中给出的方案必然是较为符合学生认知特点与操作特点的方案，但教科书中的实验方案也不完全尽善尽美，还有改进与创新的余地。高中生的思维是比较活跃的，他们有自己的想法，因此，教师在实验教学中应多鼓励学生进行实验创新，看似只是微小的改善，却能培养学生的创新思维。实验改善的一小步，能推动创新思维发展的一大步。因此，教师在实验教学过程中要留给学生自主思考创新的空间，增强他们的创新意识，培养他们的创新思维。

创新思维的培养绝不是一蹴而就的。在实验教学中，教师应多鼓励引导学生提出自己的实验思路和实验方法，敢于对教科书中的实验进行改进。学生表达自己想法的过程，不仅可以提高学生的实验设计能力、发散思维能力，还能锻炼学生灵活应用所学知识解决问题的能力。

4. 合理编排实验，培养学生的实验探究素养

实验探究过程一般包括“提出问题—做出假设—制订计划—设计方案—实施计划—得出结论—表达和交流”。由于实验课时等方面原因，学生不可能在每一个实验探究中都有足够的时间来研究每一个探究要素。此时，教师需要对这些探究实验进行合理的编排，在某些或某一个实验中，重点培养学生的某一点或某几点探究要素。这样，不仅能解决教学课时短缺的问题，还能全面培养学生的实验探究素养。

（1）鼓励学生敢想敢问敢交流

高中生的思维比较活跃，比较喜欢提出一些新奇的想法，教师在教学过程中，要注重对学生的引导，创造一个自由民主的课堂环境，帮助学生从敢问、敢交流到愿问、愿交流，最后上升到会问、会交流。

在实验探究前，教师需要了解学生的探究心理，帮助学生克服探究前的畏难心理，采取民主的课堂教学方式，鼓励学生敢于提出问题、发表自我见解，并在实验后敢于和教师、同伴交流，有主动与别人合作交流的意识。在探究过程中，随着探究的深入，教师要不断创设一些问题情境。问题情境的创设最好是贴近学生的生活或是学生探究过程观察到的现象和体验，以此来激发学生的好奇心，引导学生提出问题，表达自己的想法，并与他人交流合作。实验探究结束后，教师要及时对学生提出的问题以及与他人交流等方面的表现做出评价，表扬一些学生积极探究的态度。在课后，教师也可以为学生提供交流合作的机会，培养学生提出问题、交流合作的能力。

（2）培养学生收集数据、分析论证的能力

教师在培养学生收集数据、分析论证能力的时候，可以适当淡化实验设计，重点关注实验的过程、数据的收集与分析。实验探究前，要求学生了解所要用的实验仪器，了解实验器材的使用规则，有些实验器材必须严格遵循使用规则；要求学生在读取数据和记录的时候务必做到准确。教师可以在学生实验探究时进行巡视，及时指出实验操作、实验步骤和实验记录等方面的错误，锻炼学生数据收集和分析的能力。在此过程中，学生要学会通过实验数据探寻实验规律，进行误差分析。

(3) 培养学生猜想假设、实验设计的能力

学生猜想假设与实验设计能力的培养是学生实验探究素养培养中的最高层次。可以说，猜想假设和实验设计能力直接影响学生的实验探究素养。在实验探究过程中，教师要锻炼学生依据已有的知识对问题进行合理猜测以及自主进行实验探究的能力。

在实验探究之前，教师不要先给出实验规律，要引导和鼓励学生进行猜想与假设，给学生留出足够的空间，并且尊重学生的每一种猜想，鼓励学生进行大胆的假设。同时，教师也要教会学生如何进行合理的猜想，以免学生的猜想过于天马行空、不切实际。在探究过程中，教师要鼓励学生根据自己的猜想进行实验设计并制订详细的实验计划，给学生尽可能多的机会去进行实验探究，让学生在经历"实验失败—再猜想—再实验"的过程中，实现对猜想与假设、实验设计等实验探究要素的培养。

5. 注重实验反思，培养学生认真严谨的科学态度

从教学的实际情况来看，多数高中生具有实事求是的科学态度，拒绝弄虚作假，但有部分学生在实验过程中不注重细节，所以教师在实验教学过程中需要注重对学生认真严谨科学态度的培养。在每次学生分组探究实验结束后，教师应该引导学生回顾实验过程，并对实验结果与理论结果相差较大的情况进行分析，找出问题的原因。学生在此过程中不仅可以更加深刻地理解实验结论，还能对实验过程进行总结与反思。在之后的实验过程中，不仅会尽量排除一些外在因素对实验的影响，还会严格按照实验步骤进行实验，培养学生认真严谨的科学态度。例如，在探究牛顿第二定律实验前，需要平衡摩擦力，很多学生忘记这一重要步骤，导致最后结果与理论结果相差较大。同样，在探究分力与合力之间的关系时，由于实验操作过程中细线没有平行于木板等原因，导致实验结果不理想。有此类问题存在时，教师要带领学生找出原因，引起学生注意，而不是将实验探究当作一个任务来完成，要让学生了解实验步骤，某一步的忽视或不认真都会导致最后实验结果的不理想。在实验反思的过程中，要让学生体会实验过程中必须严谨，认真完成每一个实验步骤，培养学生认真严谨的科学态度。

6. 善用分组实验方式，培养学生与他人合作的意识

分组进行实验探究的方式是当今学生实验当中最常见的方式。在进行物

理实验教学时，有时由于器材数量等原因，无法做到人手一套实验器材，这时就需要几个人共同进行实验探究。采用分组探究的方式，不仅可以有效提高课堂实验探究效率，还可以培养学生与他人合作交流的意识与能力。一个人的思考范围毕竟很有限，多人之间思想的碰撞往往可以创造出很多好的实验想法，有利于学生发散性思维的培养。在分组实验过程中，需要注意一些问题。首先，人数不能太多，人数过多难免会存在有人不思考、不动手的情况。一般情况下，4～6人为一组是较为合适的。其次，要注意小组成员分布，要将成绩较好、思维较活跃与成绩较差的学生进行组合，注重学生实验能力的适当搭配。最后，每个小组应选出组长，组内人员应明确自己的任务，组长最好轮流担任。

（四）核心素养导向下高中物理课后实验策略

1. 重视课后实验，善用实验巩固核心知识

现实情况表明，学生很少进行课后实验，一方面是由于书面作业太多，没有时间进行课后实验，另一方面是由于教师在授课后极少留课后实验这类作业。很多教师认为，只有书面作业才能巩固学生学习的新知。其实不然，将部分书面作业改为课后实验，将书面作业与动手操作相结合作为学生的家庭作业，能更好地巩固学生所学的知识。这样，既能改变学生觉得书面作业太多、太枯燥而丧失学习兴趣的情况，又可以通过布置课后小实验，激发学生的学习兴趣，将所学的概念、规律应用于生活当中，锻炼学生学以致用的能力。

2. 体验课后实验探究，培养学生的科学思维素养

在课堂实验过程中，教师由于时间原因不能将每一个实验都展示给学生。其实，对于某些实验，教师不必完全展示给学生，很多实验器材简单、不是很复杂的实验可以作为课后作业布置给学生。某些实验的操作蕴含一定的科学思维，学生在操作过程中能很好地体会其中的物理原理，培养自己的科学思维，这比教师只用语言向学生讲述效果要好得多。比如，在“弹力”一节的教学中，为了使学生更好地体会到微小形变的存在，教师可以设计出与之对应的课后实验。由于用手按压桌子，学生很难观察到桌子的形变，用手挤压较硬的塑料瓶，发现形变也较小，此时需要转换一种科学思维，将微小的

形变放大，于是放大法应运而生。在课堂上，教师向学生提供实验思路，并请学生设计应用放大法的实验，学生在课后自行准备器材，设计实验方案。

3. 注重物理与生活的紧密联系，渗透 STSE 理念

STSE 教学理念强调科学、技术、社会、环境之间的关系，重视科学技术在社会生产、生活环境和社会发展中的作用，对培养学生的物理核心素养和实施学科教学有一定的指导作用。STSE 教育理念强调知识的应用与问题解决的能力。设置课后实验，便是让学生将课堂上所学习的知识应用于生活的有效途径。

4. 建立家庭物理实验室，创造物理学习空间

实际上，家庭中有很多生活物品可作为实验器材，可以用来探究实验规律。因此，教师可以引导学生建立家庭物理实验室，让学生不仅可以在课堂、实验室进行实验探究，在课后也有实验探究的场所，增加学生实验探究的机会，增强学生实验探究的意识。同时，学生要有计划地、有意识地进行家庭物理实验，在实验中要明确观察的目的，记录实验现象，通过分析得出结论。教师可以让学生记录家庭物理实验笔记，定期给学生布置一些操作简单、较为有趣的实验任务，以此作为学生课后研究的课题，并且定期检查学生的笔记本；也可以选择一些完成较好的学生的笔记本在班级中展示，鼓励督促其他学生积极认真地进行课后物理实验。学生在课后实验过程中，可以应用自己所学的知识解决一些实际的问题，提升学生学以致用的能力，培养学生实验探究的素养以及创造性思维能力。在家庭物理实验室中，教师应提倡学生选择安全系数高、较容易操作的课题进行研究。同时，教师还可以联系家长，鼓励家长和学生共同完成物理实验。在家长的监护之下，学生的安全也能更好地得到保障。

第四节　高中物理课后作业环节

一、核心素养导向下高中物理课后作业设计

（一）教师设计的课后作业要具有针对性，明确课后作业的目的

教师在给学生设计课后作业之前要明确目的，使设计的课后作业具有针对性。这是教师在给学生布置课后作业之前就应该告知学生的，这样学生就不会感到盲目，还会对课后作业产生浓厚的兴趣。例如，对于摩擦力的学习，教师给学生设计课后作业的目的如下：第一，知道摩擦力产生的条件，会判断摩擦力的方向；第二，理解最大静摩擦力的概念，并能应用它解释生活中的问题；第三，能区分滑动摩擦力和静摩擦力。

（二）教师要设计多种形式的课后作业，培养学生各方面的能力

在高中物理教学中，教师应设置多种类型的课后作业，让学生从多角度完成学习任务，这样可以满足不同学生的需求，并且使学生的各种能力都得到有效的提升。单一的书面型课后作业只会让学生感觉厌烦，增加学生的课业负担，而设置多样化的物理课后作业，会激发学生的兴趣，进而促进学生物理核心素养的提升。

（三）教师要分层设计物理课后作业，关注每个学生的发展

每个学生都是不同的个体，他们之间都存在着差异。有些学生的学习能力较强，有些学生的学习能力则相对薄弱，还有一部分学生缺乏学习的主动性。这就要求教师在布置物理课后作业时，要分析本班学生的具体学情，因材施教，设计一些层次性较强的课后作业，力求照顾到不同学习层次的学生。课后作业的难度以中等学生水平为准，难度要适中，要有明显的梯度性及明确的目的和针对性。布置的课后作业可以分成必做题和选做题，以适应不同学生的需求，使每个学生都能得到发展。

（四）教师设计课后作业的难度和数量要合理，要符合学生的实际水平

教师在设计课后作业时，要注意课后作业的难易程度。如果课后作业过难，学生无法独立完成，时间长了，就可能使学生养成抄袭、应付、不交作业的习惯，这样就没有办法培养学生学习的主动性和积极性。如果课后作业过于简单，学生能轻而易举地完成，时间长了，学生可能会产生骄傲的心理，也难以挖掘学习优秀的学生的内在潜力。因此，教师应根据物理学科的特点和学生的知识水平布置课后作业，或者布置不同的基础题、提高题和拓展题，或者通过课后作业数量、课后作业完成时间、课后作业题型以及课后作业批改评价分层进行设计。这样对学习有困难的学生来说，及时肯定了他们的点滴进步，使他们体会到了成功；对于学习优秀的学生来说，促使他们更加严谨、谦虚，不断超越自己。同时，教师在布置课后作业时，也要注意作业数量的合理性，避免课后作业的机械重复，同一类型的题目不宜过多，否则会加重学生的负担，不利于学生的成长。

（五）教师应设计能够培养学生反思习惯的课后作业

教师应该布置能够培养学生反思习惯的课后作业，并且引导学生重视反思、学会反思。通过反思在课后作业中出现的问题，获得知识的深化，这对学生以后的发展也是非常有帮助的。例如，学生每学完一章或紧密相关的几章内容之后，教师可以给学生布置自我复习总结型的作业，让学生制作出一章的知识结构图表。在此基础上，教师要选择适当的时机，引导学生从以下方面进行反思：反思学习方法、反思学习习惯、反思学习状态、反思学习效果、反思思维习惯、反思时间利用效率等。通过这样的反思，让学生自己找出学习中存在的问题和不足，从而改进不足，提高自己的学习效率，达到学会学习、学会思考的目的，有助于学生科学思维等核心素养的发展。

二、高中物理课后作业的批改

（一）教师批改课后作业的方式要多样，适当地让学生参与其中

教师在对学生的课后作业进行批改时要注重发展性的原则。在批改课后

作业时，要向学生反馈丰富的信息，使课后作业的批改真正成为师生交流的平台。对于学生课后作业的批改，教师要注意评价方式的改变，采用多种评价方法。这符合人本主义学习理论中提到的以学生为主体的思想，让学生成为课后作业真正的主人，培养学生的责任感。目前，许多教师习惯于使用“√”和“×”两种符号来批改学生的课后作业。虽然这种方法能够快速地检查出学生作业的完成情况，但是有时会对学生的自信心造成影响。学习成绩差的学生会觉得作业总是做错，从而不爱学习，影响学生的发展。这样批改课后作业的方式是不合理的，对学生物理核心素养的整体发展会产生不利的影响，会限制学生的进步与发展。

（二）教师评价学生的课后作业要做到认真及时

及时批改学生的课后作业能够督促学生按时完成作业，及时检测学生对知识的掌握情况，学生能够及时更正错误，教师能够发现教学中存在的问题，进一步提高自己的教学水平。可以说，教师及时认真地批改学生的课后作业对于学生和教师都是有益处的。在课后作业的批改过程中，教师不要否定学生的作业成果，要给予他们肯定，这样能够提高学生学习的积极性，并且及时发现自己的错误，进而改正错误。高中物理课后作业是日常教学中重要的环节，课后作业能够检验学生的学习水平和教师的教学效果，同时也是师生之间相互交流的平台。因此，教师要注重课后作业的设置和批改，切实提高物理课后作业的有效性，促进学生物理核心素养得到全面的发展。

三、核心素养导向下高中物理课后作业的设计原则

用核心素养来指导高中物理培养目标，可以矫正过去存在的重知识、轻能力、忽略情感态度和价值观的教育偏失。在培养核心素养的过程中，一定要尊重学生的身心发展规律。从终身发展的角度来看，核心素养的形成和发展不仅具有终身的连续性，而且具有阶段性。高中生好奇心强、思维活跃、善于思考抽象问题，而且他们乐于参与各种探究活动，在自己感兴趣的事物上能够维持较长时间的注意力，能比较理智地思考问题。个性化作业的设计应以培养目标为导向，依据教育教学理论，立足于学生的认知规律和个性特征。虽然个性化作业的层次性、灵活性、实践探究性使它具有很大的存在价

值，但传统作业具有的优势也不容忽视，个性化作业不能完全取代传统作业，只能作为传统作业的有益补充。将个性化作业巧妙地融入传统作业中去，通过这种既重视学生对知识的掌握又兼顾培养学生知识运用能力的作业，能使作业发挥出更好的教学辅助功能。因此，要设计出合理有效的个性化作业，并将它作为传统作业的一种补充，在保证学生课后学习效率的情况下，真正做到关注学生个体差异、遵循学生认知规律、重视学生学以致用，落实新课程改革提出的物理核心素养的培养目标。

（一）核心素养导向下高中物理个性化课后作业要遵循的原则

1. 重视差异的原则

学生之间的差异主要体现在智力差异、兴趣差异、气质差异、性格差异和学习风格差异等诸多方面。学生个体间的差异影响和制约着他们的学习效果，这就是为什么同一个教师教的学生有些学得快、学得好，有些则学得慢、学得差。学生个体间的差异有些表现得十分明显、易于分辨，而有些则比较复杂、难以处理，因此需要教师格外注意，采取适当的方法来巧妙分析、灵活处理。教师需要明确，每个学生由于智力水平和个性特征存在差异，对同一问题的理解程度必定不同，而且每个学生都有自己擅长和不擅长的方面。因此，个性化作业尤其要注重学生间的个体差异，教师应设计出富有层次性、能够满足不同学生需求的个性化作业。

2. 激发兴趣的原则

莎士比亚曾经说过："兴趣是最好的老师。"从教育心理学的角度来说，兴趣是可以推动人们求知的一种内在力量。一旦学习中的某些事物成功激起了学生的兴趣，他们就会在学习上投入更多的精力，认真地去钻研，使学习成效显著提升。兴趣对活动的持久性有着直接影响，尤其是高中生这一群体，强烈的好奇心和求知欲致使他们对活动积极主动、热情满满，而对一项事物的兴趣则会直接对他们的行动热情产生影响。因此，在个性化作业的设计原则中，趣味性是尤其重要的一点。在作业内容的设计上，要避免枯燥乏味的习题堆积，多设置些灵活巧妙且与学生实际生活息息相关的作业内容，使学生体会到物理学习并不是一种死盯书本的活动，在日常的生活中同样能了解、学习和掌握很多物理知识，让学生对物理作业的心态从"要我完成"转变为

“我想要完成”，使学生变被动为主动，成为学习的主人。

3. 合作实践的原则

通过布置合作实践类的个性化作业，增强学生之间的合作交流，使学生真正认识到物理源于生活实践，也应回归到生活实践中。物理作业不能脱离实际的生产、生活而存在，要让学生在实践体验中感受物理、在物理学习中思考实践应用，走出枯燥无味、漫无边际的题海，让学生以小组合作的形式通过实践类作业去观察生活、体验生活，让每个学生都参与到动手实践的过程中去，在掌握知识、提升能力的同时，增强相互间的合作交流以及情感沟通。

4. 拓展探究的原则

当今社会对探究型人才的需求日益增长，学校作为未来社会建设者的摇篮，应该为社会提供多样化、个性化的人才。传统作业僵化了学生的思维，学生普遍认为作业就是一种任务，完成它是自己的职责，而没完成就要受到惩罚。其实，作业的目的应该是帮助学生掌握知识、提升能力，作业不应该是教师束缚学生思想的枷锁。个性化作业要以提高学生的科学素养、开拓学生的创新思维、培养学生的学习能力为主要目标，由封闭型转向开放型，不再以死板的作业形式限制学生思维的自由发散，应重视作业内容的拓展，增强作业的探究性，让学生自发地去思考和探索，真正参与到探究过程中去。

（二）关注学生的个体差异，实现作业内容的个性化

学生间的个体差异主要表现在性别差异、认知能力差异、学习态度差异和智力因素差异等方面。教师需要以多元智能理论及人本主义理论为指导思想，针对差异，为学生设置不同的最近发展区，设计个性化分层作业内容，以满足学生的自我效能感。

传统作业的特点是教师对全班学生提出统一的作业要求，让学生在课后完成同样数目和同等难度的作业。这种统一的作业形式与学生间的个体差异以及认知规律产生了冲突，导致出现“后进生吃不了，优等生吃不饱”的现象，阻碍了不同层次学生的发展。分层作业与传统的统一要求的作业是不同的，是针对不同学生对同一知识点的理解和掌握程度不同，将作业内容进行个性化分层，让不同层次的学生可以根据自己的需求选择不同类型的作业。

它将作业内容分为以下四类：第一，基础类题型，帮助学生巩固所学的知识点；第二，简单应用类题型，使学生能用所学知识点解决较简单的问题；第三，综合类题型，使学生能运用所学知识解决综合性较强的问题；第四，应用类题型，使学生能运用所学知识解释、解决生产和生活中的实际问题。

分层作业形式能让学生通过自己的实际情况自由地选择对应层次的作业内容。对于基础知识扎实、综合运用知识能力比较强的学生，可以直接从第三层次开始完成作业；对于基础知识比较扎实的学生，可以从第二层次开始完成作业；对于基础知识较差的学生，应该从第一层次开始完成作业，上不封顶。

（三）遵循学生的认知规律，实现作业形式的个性化

高中物理的学习过程是学生科学认知的建立过程，教学过程是教师指导学生构建科学认知的过程，所以教师应充分了解学生的个性，尊重学生的认知规律，设计灵活的作业形式，从多种途径引导学生自主探究，适时引发学生的认知冲突，帮助学生实现感性认识到理性认识的转化，体现循序渐进、螺旋式上升的理念，从而建立稳固的科学认知。新课程改革主张教学过程要向以学生为主体的方向转化，个性化作业要在形式上寻求创新，教师需要以建构主义理论及最近发展区理论为指导思想，根据学生的个体差异设计个性化作业，增加作业内容的趣味性，使学生自主发挥学习潜能，更好地理解、消化、应用所学知识。

1. 个性化课前预习型作业

预习型作业是在讲授新课之前，由教师布置的帮助学生更好地学习新授课内容而设定的作业。传统预习型作业多流于形式，侧重于提前浏览、阅读将要学习的新知识和填写预习任务表，作业内容简单、枯燥、乏味，难以引起多数学生的重视，达不到良好的预习效果。个性化预习作业的设计亮点在于适应学生的认知规律和个性特点，作业的设计不再局限于课本，而是从学生已有的生活实践经验入手，激发每个学生预习的主动性、积极性。

2. 个性化章末总结型作业

以往的章末复习总结是由教师先归纳汇总知识点、讲解部分典型例题后，再统一留给学生一定量的纸笔习题型作业，在整个过程中，学生基本处于被

动地位，这样不利于他们自主思维能力的提高和物理核心素养水平的提升。个性化章末总结型作业的设计亮点在于让学生自行绘制出本章的基础知识网络结构图，清楚本章的重点和难点及各知识点之间的联系，明确如何将本章所学知识用于实践中。

（四）重视学以致用，实现实践拓展探究的个性化

在新课程改革理念的影响下，高中物理教学方式和学生学习方式都发生了巨大变化，但在应试教育的压力下，教师和学生仍以考试成绩作为衡量学习效果的标准。高中物理作业是为巩固课堂知识所设计，作业类型多为纸笔型作业，且存在题量大、相近题型重复出现的问题，在作业中缺少激发学生深入探究潜能的因素，多数学生将完成作业当成自己应尽的学生本分，不能有效地将所学知识应用到生产、生活中。教师应针对学生的个性特点，依据培养目标及教育教学理论，在高中物理作业设计中注入学以致用的理念，以问题的解决和应用为导向，以调动自主思维、发掘学生内在探究潜能为出发点，设计出学生感兴趣的、能引发学生探究欲望的个性化拓展探究类作业，促进学生科学探究素养的全面发展。

1. 个性化习题拓展探究型作业

虽然高中生的感性思维和理性思维发展迅速，但对具体问题的分析、整合、应用能力还处于需要完善的阶段，其个性特点是对比较形象的、感兴趣的、力所能及的事件能进行较长时间的思考和探讨，对比较抽象的、繁杂拖沓的事件则难以引起兴趣和对其进行深入的探究。在高中阶段，常常会听到学生说上课听得懂，遇到作业难题就不会，还有学生一看题干很长就不想做了。这体现出学生在学习中比较随性，不易克服自身存在的不良学习习惯和错误的原认知，因此需要教师改进教学策略，使学生消除不利的心理暗示，养成积极、阳光的物理学习观，而个性化习题拓展探究型作业可以作为一种方式进行尝试。

2. 个性化实验拓展探究型作业

物理实验是高中物理较为关键的环节之一，但是受应试教育和软硬件条件的限制，高中物理实验教学形式还比较保守，实验内容多局限于教科书，很少提供给学生进行实验拓展探究的时间和空间，忽视了该年龄段学生好奇

心强的个性特点，抑制了学生的求知欲，剥夺了学生动手创新实践的机会，不利于对学生科学思维素养和实践能力的培养。教师可以尝试将常规实验进行拓展并设计成探究型作业，指导学生在完成实验探究型作业的过程中将相关知识点融会贯通。

个性化作业内容富有层次性、形式灵活多样、实践探究性强，因此它的完成时间和空间具有一定的开放性，完成方式也不再局限于个体独立完成，可以采取同学间探讨、小组合作、寻求家长协助、借助网络信息以及社会机构配合等方式完成。这样，就兼顾了各种优势，既帮助学生巩固了所学的物理知识，又加强了学生间、学生和家人间、学生和社会间的沟通能力，培养了学生的协作能力和团队精神。这就要求教师设计的高中物理个性化作业一定要依据培养目标的要求，有利于学生情感态度与价值观的良性发展，提高学生的主动性和合作能力。通过这种个性化作业，让学生自己找出学习中存在的问题，改进不足。同时，鼓励学生在完成作业的过程中独辟蹊径、敢想敢做、勇于创新，在掌握知识、提高学习效率的同时提升学生的综合能力，真正实现对创新、合作、复合型人才的培养目标，让学生物理核心素养的发展能够得到更为充足的空间和更加有力的支持。

第七章　核心素养下高中物理课堂教学策略

第一节　高中物理概念课教学策略

一、物理概念教学概述

为了优化物理概念教学，我们需要事先弄清楚什么是物理概念、物理概念有哪些特点、物理概念教学的作用和意义体现在哪里，这对我们后面的研究和论述是十分必要的。

（一）物理概念的定义

物理概念是物理知识的重要组成部分，是构成物理规律、建立物理公式和完善物理理论的基础和前提。对物理概念的理解和认识是物理概念教学的出发点。

物理概念是客观事物的物理共同属性和本质特征在人们头脑中的反映，是物理事物的抽象。物理概念反映着人类对物理世界漫长而艰难的智力活动历程，是人类智慧的结晶，它使人们在纷繁复杂的物理世界中，把握了事物的本质特征，成为物理思维的基本单位和有力工具。借助于这种简约、概括的思维形式，人们找到了支配复杂的物理世界的简单规律，建立了假说、模型和测量方法体系，从而筑起了规模宏大的物理学理论大厦。因此，物理学基本概念是物理学理论的根基和精髓，是物理学大厦的砖石。

(二) 物理概念的特点

物理概念既有一般科学概念的共性，又有自身的个性。概括起来，物理概念具有如下的特性：

第一，物理概念的客观性。物理概念的研究对象是客观的物理事物，物理概念反映的是客观物理事物的本质属性，它不以人的主观意识而变化。

第二，物理概念的抽象性。一个物理概念能反映出大量外观各异的物理现象的共同本质属性。物理概念与具体的客体和过程有着密切的联系但又超脱了具体的事物和过程，是经过人们的抽象思维总结概括得来的。如力的概念、能的概念、场的概念等。

第三，物理概念的可测性。绝大多数物理概念不仅具有质的规定性，而且具有量的可测性。具有质和量两个规定性的物理概念叫作物理量。一切物理量都能被测量并且可以用数学公式定义。如力、速度、质量、温度、电阻等物理量可用简洁的数学式表达出来。只具有质的规定性的物理概念，可以通过其他物理量来间接地、定性地比较它们的大小。如通过比较物体质量的大小来比较其惯性的大小。

第四，物理概念的发展性。物理概念随着人们掌握物理知识的不断增加，随着研究物理问题的不断深入不断地变化和发展。如质量的概念，在初中物理中定义质量是物体所含物质的多少；当学生学习了牛顿第一定律和惯性知识后，质量可作为判断物体惯性大小的量度；随着学生学习的不断深入和思维的不断发展，物理概念的表达更加概括和抽象，在万有引力定律中，质量是物体产生引力和受引力场作用能力大小的量度；在学生学习了近代物理知识后，根据爱因斯坦质能方程，把质量作为物体所蕴藏的能量的量度，这说明物质的质量和能量之间存在着必然联系。

(三) 物理概念教学的作用和意义

物理概念是物理学的基础，纵观物理学内容，大体可分为物理现象、事实、概念、规律和理论。其中，物理概念是物理规律和理论的基础。物理概念教学是物理教学的一种基本形式，在物理教学中，物理概念教学是首要的任务，是进一步进行物理规律、物理实验教学的基础。如果学生没有建立起一系列清晰、准确的物理概念，不能理解特定的物理术语所代表的物理含义，就会对后续的学习造成障碍。

物理概念教学是培养学生思维品质的重要途径。物理概念的产生和形成是一个十分复杂的过程，人们在对概念不断探索的过程中形成了一定的研究方法，如抽象—概括、判断—推理、比较—鉴别、归纳—演绎、对比—类比、分析—综合等逻辑思维方法。处于中学阶段的学生，正发生从形象思维向抽象逻辑思维的转变，学生思维的条理性、灵活性、深刻性、逻辑性有待进一步提高。学生在形成、理解和掌握物理概念的过程中，要通过对物理现象的观察获取必要的感性认识，要运用物理学方法和复杂的思维过程把新事物与自己认知结构中原有的概念联系起来，通过同化或顺应等一系列心理认知变化过程来认识和理解新事物，并把所学到的概念运用到实际问题中去。引导学生形成物理概念和加深对概念的理解，是学习物理学方法、培养学生思维品质的过程。

（四）学生学习物理概念的心理障碍分析

物理概念具有简约、概括、抽象的特性，而客观物理事物通常比较复杂、多样、具体，事物呈现出来的表象有时隐藏了事物的本质特征，加之各种原因，使得学生在认识上容易产生偏差，出现思维障碍。对这些思维障碍进行认真分析，才能采取有针对性的教学，得到良好的教学效果。

1. 相关概念的干扰

物理概念之间既相互联系又相互区别，学生在学习物理概念时，通常不能区分相邻或相近的物理概念，这是相关概念干扰的表现之一。相关概念干扰的表现之二是前科学概念的干扰。学生在学习物理概念之前，从日常生活或以前的学习中积累了不少与物理概念有关的感性经验，对客观事物的属性有了一定的认识，形成了一定的概念，即前科学概念。但是有些从经验中形成的概念是错误的或片面的，从而阻碍了正确概念的形成。例如，学生在生活中形成的“功”的概念，对“功”的物理概念的学习有干扰作用。物理教学就是要将学生的前概念转变为正确的物理概念。概念的转变有两种：一种称为“丰富”，即将新的概念纳入原有的认识结构，通过积累的方式使认知结构发生变化。另一种称为“修订”，即将错误概念转变为正确的概念。由此可见，学生形成物理概念不仅是获得知识经验，同时也意味着改造已有知识经验。

2. 感性认识不足

物理概念是对客观事物的抽象概括，要形成正确的物理概念，必须获得有关客观事物的足够多的感性材料，这些感性材料是形成和掌握物理概念的必要条件。感觉和知识同属于认识过程的感性阶段，它们都是对事物的直接反映，都是高级心理活动的基础，也是学生形成物理概念的基础。中学生获得与物理概念有关的客观事物的感性认识主要来源于生活经验和观察实验。没有充分的感性认识，就不可能通过分析、综合、抽象、概括、类比等思维过程上升到科学概念，也不可能很好地掌握科学概念。例如，学习自感和互感时，如果没有足够的实验让学生观察到自感和互感的现象，就很难使学生形成自感和互感的概念。

3. 思维方法不当

物理概念的建立和学习离不开思维，在引入概念后，必须用各种思维方法，形成正确的物理概念，理解其内涵和外延，进行掌握和应用。物理概念的分析过程不仅需要运用抽象思维，还要依赖于形象思维和直觉思维，依赖于各种思维方法的综合应用。如果没有掌握建立物理概念的正确的思维方法和思维过程，就不能形成正确的概念。中学生未经过系统的物理思维训练，其物理知识和经验还有很大的局限性，因而学生的思维品质还较差，主要表现为思维的广阔性、深刻性和逻辑性较差。

4. 思维定式的消极影响

思维定式是指人们按照某种固定的思路和模式去考虑问题，表现为思维的倾向性和专注性。在物理概念的学习过程中，思维定式既有积极的意义，又有消极的影响。积极的思维定式有助于人们快速准确地找到解决问题的方法，而消极的思维定式使人们难以变换思考问题的角度，造成认知的片面化。比如，在学生非常熟悉的一类题中改变个别条件，使物理情景发生了重要变化时，学生通常不会去认真分析题设条件变化带来的差异，而是一拿到似曾相识的题目，马上就按习惯的思路方法求解。

（五）高中物理概念教学策略

物理概念教学是高中物理课程教学的核心。李政道在回答怎样才能学好物理这一问题时曾强调，学习物理的首要问题是要弄清物理学中的基本概念。物理概念是物理现象、物理过程的概括化和抽象化的思维形式，是物理学习或物理思维的基本单位。物理概念的准确建立，是学好物理的基础，也是发展物理思维的出发点。物理概念教学的效果直接关系到对物理知识的认知程度，进而影响到学生整体知识网络的构建与拓展。学好物理概念是学好物理的前提。

1．创设情境，激发认知概念的冲动

创设概念教学的情境是物理概念教学的必要环节。物理概念一般比较抽象，对于缺乏理性认识的中学生来说，接受起来有一定的难度。如果教师在概念教学过程中创设恰当的情境，不仅能帮助学生比较容易地进入概念的学习，而且能充分地调动学生对物理概念学习的积极性，使学生由好奇转变为兴趣爱好，由兴趣爱好转变为对物理概念知识的渴求。如在高一物理中，加速度概念的教学是一个难点。教师可以在教学实践中创设这样的情景：磁悬浮列车以 432 km/h 的速度匀速运行了 8 s，蜗牛在 10 s 内速度从 0 cm/s 加速到 0.1 cm/s，让学生体验速度大与速度变化大是两个不同的概念。接着给出下列案例：普通轿车速度从 0 km/h 加速到 100 km/h 用时 20 s，旅客列车从 0 km/h 加速到 100 km/h 用时 500 s。通过这样的比较，学生在探究中逐渐形成速度变化快慢的基本概念并掌握了比较的方法。通过与学生共同分析物理过程、重现问题涉及的情境而把学生一步一步地带入物理情境，引导学生的思维，再经过进一步的反复、强化后，使学生对加速度的概念有了较清晰的认识。

2．剖析概念，全方位认知概念

为了比较深刻地理解概念，必须从全方位认识概念的内涵、外延及特征。

（1）概念的内涵与外延

概念的内涵既反映了物理对象某种属性的“质”，又反映了物理对象某种属性的“量”（量度方式和量度单位），这样的物理概念也叫物理量。概念的外延即概念的适用范围，是指概念所反映的具有某一属性的一个或一类现象或事物。概念教学的关键是使学生了解概念的内涵和外延。定义是明确概念内涵和外延的依据，为了找出概念的内涵和外延，必须从分析概念的定义入手。例如，力的定义是“物体对物体的作用”，力的概念所反映的事物的特有属性是“物体对物体的作用”，即力的内涵。力的概念所反映的具有特有属性的事物是具有这种特有属性的所有的力，如万有引力、电磁力等，即力的概念的外延。同样，惯性概念的内涵是“物体有保持原来运动状态的性质”，外延是“一切物体”。

（2）概念的特征

物理概念因其在物理学中的地位和作用不同，有着自己的特殊性质。

① 固有特征。有些物理概念反映了物质或物体本身固有的属性，这些属性不随外界条件的改变而改变，只由物质或物体本身所决定。例如，质量是物体本身的属性，同一物体质量不变；比热是物质本身的属性，每种物质都有比热且互不相同。又如，惯性是物体本身的属性；重力加速度、电场强度、磁感应强度是“场”物质本身的属性；密度、电荷、电阻、折射率等是实物物质本身的属性。

② 方向特征。有些物理现象的本质在量的方面既有大小、又有方向，那么描述这种现象的物理概念也具有方向特征。例如，力、动量等。

③ 状态特征。有些概念是描述物理对象的状态的，物理对象所处的状态不变，描述状态的概念物理量就有确定的值。例如，压强、体积、温度是描述气体状态的概念，机械能是描述物体机械运动状态的概念，等等。

④ 过程特征。有些概念是描述物理对象变化过程的，这些概念物理量的值与物理对象的变化过程有关。例如，功的概念、热量的概念、冲量的概念等。

⑤ 相对特征。有的物理现象是相对于某个事物而言的，描述它的本质的概念就具有相对特征。例如，物体的运动与参照物有关，参照物不同就会得出不同的结论。位移就是一个具有相对特征的概念。此外，速度、功、动量、动能、势能等也是具有相对特征的概念。

⑥ 统计特征。描述大量微观粒子遵循统计规律运动所产生的宏观现象的本质的概念具有统计特征。例如，气体压强概念是描述大量气体分子频繁地碰撞器壁产生的效果；安培力是磁场对大量运动电荷作用力的宏观表现。此

外，物质波、电子云等概念也是描述大量微观粒子运动遵循统计规律所产生的宏观现象的本质的。

3. 解决问题，巩固深化概念

学习概念的目的在于应用。教师应设计问题及变式，引导学生由浅入深、逐步理解、深化提高，在解决问题的过程中，进一步巩固和深化概念。比如，教学“加速度”概念时，可以设计下列问题进行教学：神舟七号载人飞船的返回舱距地面 10 km 时开始启动降落伞装置，速度减至 10 m/s，并以这个速度在大气层中降落，在距地面 1.2 km 时，返回舱的 4 台缓冲发动机开始向下喷火，舱体再次减速。设最后减速过程中返回舱做匀减速运动，并且达到地面时速度恰好为0 m/s。求最后减速阶段的加速度是多少？学生通过解决实际问题，巩固深化了对“加速度”概念的理解。

根据不同概念的特点，选用不同的适用于该概念的教学方法，才能最大限度地让学生理解概念的内涵、外延及特征，才能把握概念的实质，才能灵活运用概念。教学时不能简单地将概念传输给学生，应当引导学生积极探索，使学生在探索过程中形成概念、掌握概念、运用概念，从而有效地提高物理概念教学的效果。

（六）影响高中物理概念学习的主要因素

1. 教材因素

与初中物理教材相比较，高中物理教材对知识和思维能力的要求有一个较大的跨越，存在一个较大的台阶。学习高中物理教材所讲述的知识，不仅要求采用观察、实验等方法，还要求具备分析归纳和综合等抽象思维能力，要求熟练地应用数学知识解决物理问题。对于多个研究对象、多个状态、多个过程的复杂问题，需要从物理现象到物理模型的构建，从物理模型到数学化的描述，建立一系列的方程，学生接受难度大。初中、高中物理教材对知识的表述也有很大差别。初中物理教材文字叙述比较浅显通俗，学生容易看懂和理解，而高中物理教材对物理概念和规律的表述严谨简洁，对物理问题的分析、推理、论述科学严密，学生不易读懂、阅读难度大。另外，高中物理教材与所需数学知识衔接不当，也会对学生的物理学习造成困难。如学生尚未学到极限的概念，在学习瞬时速度时就难以理解；高一新生没有学习三角函数知识，就不能灵活处理力的合成与分解；没有学习函数图像的知识，用图像法研究各种问题就会比较困难。学科之间横向联系的失调，加大了高中物理的学习难度，使高中学生成绩分化。

2. 学生因素

高中物理概念有些是从直观的实验直接得出的，有些则需要学生从已有的物理概念出发，或从建立的理想模型出发，通过观察、分析、归纳和推理建立起来。虽然高中学生具有一定的认知能力及逻辑思维能力，但他们的物理基础知识有限，物理思维方法不足。个别高中学生由于在以往的学习过程中形成了被动接受知识的习惯，积极主动思考问题的能力较差，不善于将陌生、复杂、困难的问题转化为熟悉、简单、容易的问题，不善于将实际问题转化为物理问题，不善于根据具体问题灵活选择方法，学习物理概念时习惯于机械记忆，盲目练习，通常被个别表面现象所迷惑，形成一些片面的、肤浅的概念。主要表现在解决物理问题时，对于隐含条件的分析、临界状态的把握、多个过程的衔接等分析不完整，顾此失彼，答案不全面，条理不清楚。如个别学生不理解加速度及电阻率的概念，造成“加速度大则速度大，电阻率大则电阻一定大”的错误认识。

3. 教师因素

教师在教学过程中，通常将大量的时间用于备课、做题，没有充分研究学生的现有知识状况、接受知识的能力，对于学生的知识能力有时估计过高，通常觉得有些物理概念很简单，学生一看就懂，没有必要花费时间去探讨、挖掘物理概念的内涵和外延，造成学生在最初就没有真正理解这些概念，从而不易建立各个物理概念之间的联系。

（七）引入物理概念的常用方法

1. 实验法

物理学是一门实验科学，大多数物理概念是通过实验演示，让学生透过现象剖析揭示其本质而引入的，学生通过直观观察形成深刻的印象，强化了对概念的理解和记忆。例如，在引入弹力的概念时，演示实验：小车受拉伸或压缩弹簧的作用而运动。再演示实验：弯曲的弹性钢片能将粉笔头推出去。引导学生观察：在这些实验过程中，弹簧及弹性钢片发生了什么形变，弹簧在恢复原状时要对与它接触的物体产生力的作用。让学生自己总结弹力产生的条件及弹力的概念。

2. 类比法

类比法是科学研究中常用的方法。在物理学中，不少的概念是用类比推理方法得出的，让学生通过类比，从形象思维顺利过渡到抽象思维，有助于接受、理解新概念。例如：与重力势能类比，引入电势能的概念；与电场强度类比，建立磁感应强度的概念；与水流类比，建立电流的概念；与水压类比，建立电压的概念；把电磁振荡类比于弹簧振子或单摆，把电谐振类比于机械振动中的共振，建立电磁振荡概念。

3. 逻辑推理法

物理概念大多是在已有认知结构的基础上建立起来的，新概念的建立主要依赖于认知结构中相关的概念，要充分发挥已有的旧知识的作用，通过新旧概念之间的逻辑关系引入新概念。例如，引导学生复习初中学过的功的概念，指出物体能够对外做功，则物体具有能量。在此基础上讨论运动物体能够对外做功，则运动物体具有能量，这种能量叫作动能。进一步用做功的多少来确定动能与哪些量有关系，使学生真正理解动能的表达式。

（八）引导学生理解、深化物理概念的方法

首先要细化物理概念对应的知识点。一般情况下，可以从以下几点细化一个概念：① 名称。记住物理量的名称是了解一个物理量的第一步，教材上物理概念的名称，是用黑体字印刷的，这正是要引起同学们注意和重视。② 定义。物理意义以及物理概念的定义是用科学严谨的叙述给出的，教材中常用加点字来表示，定义要熟练准确记忆，不能有半点差错。物理量所表示的物理意义不同于定义，如速度的物理意义是表示物体运动的快慢，其定义是位移和发生这段位移所用时间的比值。③ 符号。物理量的符号大多采用其英文的第一个字母，一般情况，每个物理量都有特定的字母符号，要求学生记准物理量的符号，这样有利于规范运算过程。④ 表达式。一个物理概念的定义用数学语言来描述，就写出了对应的定义式。因为任何一个物理量通常都会和其他量建立联系，由它们之间的关系能写出不同的表达式，这时就要弄清哪个是决定式，哪个是定义式。⑤ 物理量单位的定义式。既给出了物理量

之间的数量关系，又决定了它们之间的单位关系。要分清国际单位和常用单位，并记准其单位符号及不同单位制之间的换算关系。在做题时，要求同学们统一单位。⑥ 矢量和标量。每讲一个物理概念，都要求弄清它是矢量还是标量。只有明确其特性，才能按相关规则进行运算。⑦ 状态量和过程量。每讲一个物理概念，都要求弄清它是状态量还是过程量，通过状态量的变化建立状态量和过程量之间的联系。⑧ 物理表达式的适用范围。

其次要突破难点。教材中的物理概念，文字叙述严谨、简洁，多数同学能够读懂字面意义，但不能把握准确深刻的含义，运用概念解决问题时就容易出现错误。如学习超重与失重时，个别学生认为超重时物体重力增大，失重时物体重力减少，完全失重时物体重力为零。如果在学习这一概念时，指导学生做下列实验：在弹簧秤下挂上钩码，静止时记下示数；然后提着弹簧加速上升，观察指针位置，记下示数，此时发现弹簧秤示数增大了；最后观察物体加速下降时弹簧秤指针位置，记下示数，此时发现弹簧秤示数减小了。分析实验结果，引导学生总结出超重和失重的概念，这样既能留下深刻的印象，又可以轻松地突破难点。再如，对于惯性这一概念，部分同学难以理解，教师必须通过举例，说明惯性与速度无关，与力无关。

总之，只有搞清物理概念的定义，才能有效建立不同物理量之间的联系。如热学中，温度是物体分子平均动能的量度，内能是物体内所有分子动能和势能的总和，理解了这两个概念及理想气体模型，就可以知道做功和热传递是改变内能的两种方式，这样就能理解一定量的理想气体的内能只与温度有关，内能是温度的单值函数，与体积及压强无关。温度升高，内能增加。若体积也增大，则这个过程气体对外做功，必然吸收热量，但气体压强不一定改变。若温度不变，内能一定不变。

二、高中物理概念教学模式

（一）双线式教学模式

1. 双线式教学模式概述

概念教学应该包含情境创设、建立概念和概念应用三个环节，其核心是引导学生建立概念。笔者在该环节结合物理学科特点设计了双线式教学模式，即设置了两条线：一条是活动线，主要以实验为载体，通过实验的演示和分析完成概念的定义；另一条是问题线，主要以问题为载体，引导学生通过问题的分析和解决归纳出概念的基本特征。通过这两条线能够帮助学生由表及里、由浅入深地理解、建构和掌握概念。具体教学模式框架如图 7-1 所示。

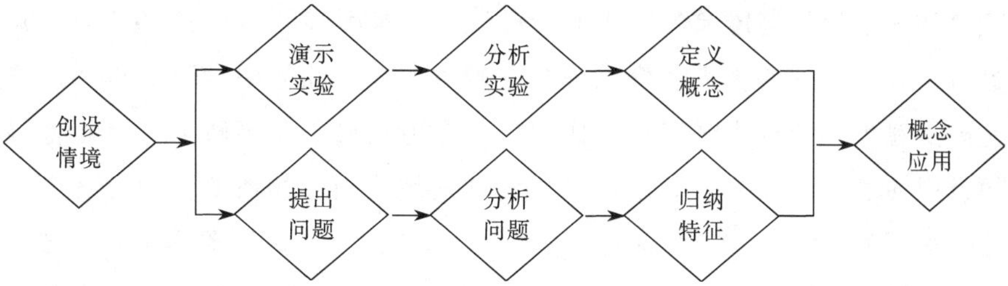

图 7-1　教学模式框架

实施双线式教学模式，在进行教学设计时，教师应尽量创设有助于启发学生发现问题、思考问题和探索事物本质属性的物理环境，唤起学生的感性知识。教师或运用实验或利用新旧知识的联系，组织体验活动或介绍有趣的物理学史，力求激发学生的求知欲望，引导学生专注于被研究的对象，达到获取信息并引发思考的目的。在概念教学中，若只向学生提供形成概念的感性材料而不让学生参与思维加工活动，对学生而言，感性认识和理性认识，以及生活经验和科学概念仍处于分离状态。双线式概念教学以问题为指引，引导学生在形成感性认识的基础上，运用比较、分析、综合等思维方法对感性材料进行加工，进而抽象概括出事物的本质特征；借助于活动，引导学生从实验数据或实例分析出发，运用一定的数学知识，得出物理概念的定义式；两者结合建立概念。

运用双线式教学模式实施概念教学，其各个环节具体的教学功能如下：① 创设学习概念的物理环境，使学生获得丰富的感性知识，有效激发学生进行探究活动和问题解决的兴趣。② 活动与问题两条线相结合的环节是学生动眼、动手、动脑进行信息提取、思维加工的过程，学生通过科学抽象突出概念本质特征，摒弃非本质特征，按照物理学的研究方法来形成概念，充分体验物理概念学习的过程与方法。该过程中学生有了问题串的引导，能将其思维过程与概念建立过程进行整合，有效提升其科学素养。③ 通过在概念应用的环节设置具体的例题和变式应用，能巩固和深化学生对概念的理解。

2. 教学案例

以“电场”的教学为例，介绍双线式教学模式。

(1) 基于学生认知基础的问题情境创设

设置问题：在我们所学的各种力中，哪些是接触力？哪些是非接触力？非接触物体之间如何传递作用力？其设计意图是引导学生回顾已学的力并予以区分。高一学到的弹力、摩擦力是接触力，高一和初中学到的重力、磁力等是非接触力，带电体之间相互作用的库仑力也属于非接触力。由此将学生的思维引向了其熟悉的两个方面：① 地球对地表附近物质的作用力是通过什么物质作用的？——重力场（看不见、摸不着的物质）。② 磁体与磁体之间的磁力是通过什么物质作用的？——磁场（看不见、摸不着的物质）。通过对上述两个方面的思考，学生自然而然提出了与课题相关的问题。

设置问题：两电荷间相互作用时不直接接触，它们之间的相互作用也是通过别的物质作用的，这是什么物质？其设计意图是创设情境，引发学生概念探究的欲望。万有引力曾被认为是一种既不需要媒介，也不需经历时间，而是超越空间直接发生的作用力，并被称为超距作用。尽管牛顿本人不赞成把引力看成超距作用，然而他未能解决这个问题，因而超距作用的坚持者仍把万有引力说成是超距作用的典范。早期的电磁理论是超距作用理论，库仑的平方反比定律似乎表明，静电力像万有引力一样，也是一种超距力，是不是呢？法拉第后来将两块条形磁铁的 N 极推到一块儿，感觉到半空中磁力之间的阻力，这种力好像是作用于物体的外部，于是开始形成“力场”的概念，认为这种非接触力是通过“场”来实现近距作用的。

设置问题：库仑定律给出了两个点电荷相互作用的当量关系，那么它们之间的相互作用是如何传递的？分析；电荷→电荷（超距作用）；电荷→电场→电荷（近距作用）。其设计意图是通过近代物理所证明的电场传递相互作用，从而介绍科学发现历史，目的是帮助学生认识科学发现的基础，体会科学发现的价值，欣赏科学发现中的智慧，学习科学发现中的精神。[①]

(2) 探究电场概念

教材中给定的概念：电场是带电体周围存在的特殊媒介物质。那么特殊

---

① 邬云文. 中学物理教学理论与方法［M］. 北京：北京邮电大学出版社，2017.

在哪里呢？这也是学生好奇的，教师应该对此有清晰的认识：电场是客观存在的一种非分子、原子组成的特殊物质形态，具体特殊在如下几个方面：①与一般的实体物质相比，电场没有静止质量。② 实体物质在空间内的速度小于光速，而且根据运动的相对性，其速度和观察者的运动速度有关（运动的相对性）；而电场在真空中永远以光速运动，电场的速度与观察者的运动速度无关。③ 实体物质具有一定的体积大小、形状；而电场充满整个空间，没有体积大小、没有形状。④ 实体物质的原子占有的空间不能同时被另一个原子占据；而若干个电场可以互相叠加，可以同时占据同一空间，具体某一个位置的电场强度是合场强。

上述几点特殊性对于初学电场概念的学生而言显然是无法理解的，至于后面要给学生渗透多少，需结合学生实际水平而定。那么在新授课上，概念探究应该给学生构建怎样的双线呢？

通过设置问题与实验便可很好地构建双线。

问题：① 电场看不见、摸不着，如何认识看不见、摸不着的物质？② 初中时是如何探究磁场的作用的？③ 电场有什么性质呢？设计意图：设计上述问题的目的在于引导学生对电场的力学性质进行归纳，引起学生对于第二个问题的思考，将学生的思维引向熟悉的磁场力的性质上，便于方法的迁移，促进新概念的建立。

实验：在桌面上放一个有绝缘支座的带电体 A，在 A 附近分别悬挂一个不带电的球和一个带电的球，观察实验现象。现象及分析：不带电的球没有发生偏离，带电的球偏离了竖直位置。说明电场对放入电场中的电荷有力的作用。

建立概念：如图 7-2 所示，电荷 A 对电荷 B 的作用实际上是 A 产生的电场 1 对电荷 B 的作用；反过来，电荷 B 对电荷 A 的作用实际上是 B 产生的电场 2 对电荷 A 的作用。

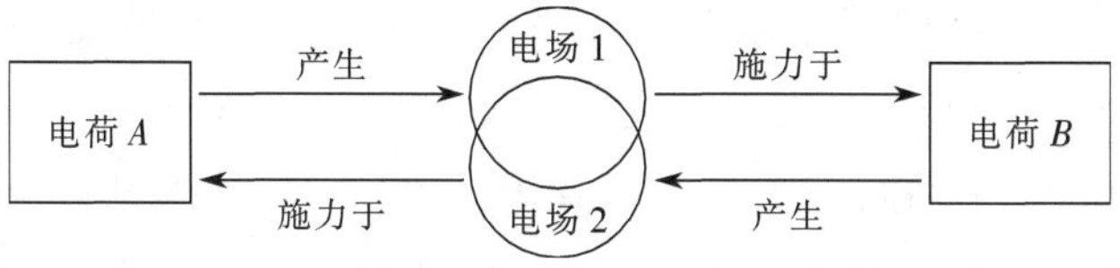

图 7-2　电场概念图

设置问题：① 既然电场对放入电场中的电荷有力的作用，那么如何研究电场呢？② 对这个电荷有什么条件呢？

答案：① 必须放入电荷。② 电荷量应充分小，不至于影响要研究的电场。电荷的体积要小，便于研究电场中各点的情况。这种电荷叫试探电荷，试探电荷是一个理想化模型。

进一步使用问题串分析电场的特征：① 将同一试探电荷分别放在 A、B 两点，如图 7-3 所示，可以发现什么特点和规律？② 在同一点 A 放入不同电量的试探电荷，可以发现什么特点和规律？③ 在另一点 B 放入不同电量的试探电荷，可以发现什么特点和规律？

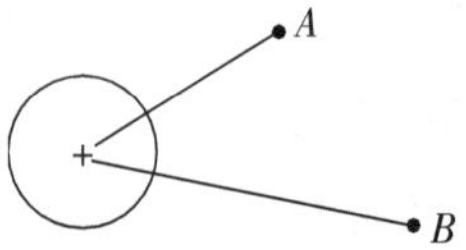

图 7-3　电荷在电场中的运动

对于第一个问题，学生很容易从库仑定律进行判断，但是问题也随之生成，场源电荷产生的电场的强弱与试探电荷所受电场力的大小相对应，能不能用试探电荷所受的电场力的大小来描述电场的强弱呢？顺着这个生成性问题进行探究，学生在第二个问题以及第三个问题的探究中会有所发现，可以引导学生采用列表的形式进行理论探究。

对于第三个问题，其探究结果也与之类似。继而归纳出结论：不同的电荷在电场的同一点所受的电场力不同，但电场中同一点电场的强弱是不变的。

纵观整个双线式教学模式，虽然演示实验只有一个，但借助于问题串的理论探究，促进了学生对引入场强的必要性、场强定义方法和场强内涵的理解。

（3）概念应用与拓展

概念应用题：点电荷是最简单的场源电荷，设一个点电荷的电荷量为 $+Q$，产生了一个电场。现在以点电荷 $+Q$ 为球心，以任意长 r 为半径画一个球面，进行如下的分析与思考：① 球面上各点的电场强度是否相同？② 在与之相距为 r 的 A 点放一试探电荷，所带电荷量为 $+q$，试推导 A 点的场强大小并确定场强的方向。③ 若试探电荷所带电荷量为 $-2q$，结果如何？④ 如果移走试探电荷呢？

设计意图：建构主义理论认为，在应用阶段，学生通过变式的练习能巩固和完善新的认知结构，顺利实现迁移。在本案例中，通过电场概念应用的过程，促进了电场概念的内化，同时也将概念延伸到了点电荷电场强度大小和方向的确定上。

（二）建构性教学模式

物理概念难以掌握的原因：物理概念是从大量的物理现象中抽象概括出来的，它超脱了自然现象，说明了事物的本质。而且有些概念本身就已经很抽象了，在这些概念的基础之上又定义了新的物理量，使得这些新的物理量更加抽象，这就和学生的实际生活体验脱离了，让学生无法直接感知，于是学起来就感到异常困难，不可避免地产生了心理畏惧。

由于物理概念的抽象性，对于缺乏理性认识的高中生来说，接受起来肯定有一定的难度。如果教师在进行概念教学的过程中创设恰当的情境，激发学生的兴趣，不仅能帮助学生比较容易地进入概念学习，而且能充分地调动学生对物理概念学习的积极性，使学生由好奇转变为兴趣爱好，由兴趣爱好转变为对物理概念知识的渴求，让学生在轻松、愉快、新奇、积极的心态中，积极主动地参与到教学活动中来，很快就能掌握物理概念，达到良好的教学效果。那么该如何创设情境呢？

1. 从生活现象引入物理概念

由于物理概念都是从日常现象中概括抽象出来的，所以从学生熟悉的生活中引入概念，很容易让学生理解。如：在给学生讲解力的概念时，就可以从学生日常生活中的提水、拍桌子等现象引入，这实质上是帮助学生提取储存在头脑中的感性知识，在对这些感性知识加工的基础上形成概念。这种方法便于学生理解，而且有助于培养学生观察、探究的能力。从生活实例引入概念，有助于培养学生分析问题的能力。

2. 以旧引新法

类似的概念可以给学生提供理解新概念的思维方式，降低思维的难度。通过比较也可以让学生找到类似概念的联系与区别，加深对类似概念的理解。通过复习旧知识引入新知识是实际教学中常用的一种教学方法。在概念教学中，可通过复习已掌握的物理概念，并对此概念加以扩展延伸，或使其内涵、外延发生变化，从而得到新的概念。比如，在讲解电场的时候，可以从学生熟悉的磁场入手，进行对比理解。如果我们能对一些类似的概念进行异中求同找联系，同中求异抓类比，这样就能掌握这些概念之间的联系和区别，从而达到深化理解概念的目的。

3. 从实验引入物理概念

物理是一门以实验为基础的学科，一个生动的实验可创设一种良好的物理情境，给学生提供鲜明具体的感性认识，再通过适当的引导，归纳概括，从而引入物理概念。比如，在引入弹力的概念时，演示实验：小车受拉伸或压缩弹簧的作用而运动，弯曲的弹性钢片能将粉笔头推出去。引导学生观察：在这些实验的过程中，弹簧及钢片发生了什么样的变化？让学生自己总结弹力产生的条件及弹力的概念。通过实验演示这样的直观教学，有助于学生在头脑中形成新概念的情境，留下深刻的印象。

4. 充分利用多媒体

多媒体的优势越来越得到大家的认可，电教手段能以生动、形象、鲜明的动画效果模拟再现一些物理过程，学生通过观看、思考就会自觉地在头脑中形成建立物理概念的情景，从而有利于知识的掌握。如在教学超重、失重概念时，就可以播放我国神舟飞船发射上天、在太空飞行、返回地面的画面，通过三个过程分析航天员所感受到的超重、失重现象，达到加深理解超重、失重概念的目的。有些高中物理概念无法实验演示，也无法从生活中体验，如分子的相互作用力与分子间距离的关系、布朗运动、电子绕原子核运动等，这时可以用图像、动画展示给学生观看。

5. 讨论法

讨论也是激发学生思维，引导学生探究，充分发挥学生主体作用的一种方法。使用这种方法可以活跃课堂气氛，既能增强学生学习的主动性，又可让学生自己明辨是非，准确把握概念的内涵。如在实施自由落体运动概念教学时，不妨先做一个羽毛和石子同时下落的实验，观察实验现象，然后让学生自由讨论，再通过真空管实验，从而得到自由落体运动完整准确的定义。

6. 通过故事引入物理概念

不少定律或原理都有它的史料或发明者的轶事，学生最爱听这些。由此可以激起学生的学习兴趣，对学习新课大有好处。比如，亚里士多德和伽利略的故事。认识上的反复和曲折反衬出正确理解物理概念的重要，物理学历史上关键性的突破和物理学家的伟大贡献也正是物理学的重点。教学既是科学又是艺术，教无定法但教学有法。在物理概念教学过程中，只有把握不同概念的特点，选用不同的适用于该概念的教学方法，才能最大限度地让学生理解概念的内涵，把握概念的实质，为灵活运用概念打下坚实的基础。

（三）概念形成教学模式

1. 概念形成教学模式的教学过程

从辨别概念的例证出发，逐渐归纳出概念的本质属性，这是概念形成的一种教学模式，其心理机制也可以用奥苏泊尔的上位学习模式来解释。概念形成学习的基本过程为：知觉辨别→假设→检验假设→概括。

概念形成学习的内部条件是：学生必须能够正确辨别正、反例证。要形成这样的内部条件，教师必须给学生提供的学习外部条件：① 向学生提供概念的正、反例，正例应有变化，多个例子可以帮助学生更好地辨别概念的本质属性和非本质属性，对概念的本质属性进行假设。② 学生能够从外界获得反馈信息，以检验其所做的假设是否正确。③ 提供适当的练习并给予矫正性反馈。

2. 教学案例

下面以粤教版高中物理教材中一些概念的教学为例，说明概念形成教学模式该如何运用。

加速度是高中物理的重要概念，它贯穿整个高中力学，也是以后学习电磁学等内容的必备概念。学生在学习加速度概念之前，已经学习了时间和速度两个概念，它们是理解加速度概念的前提。即使如此，学生通常还是不易把握加速度反映速度变化快慢的物理意义，常把加速度大小与速度变化多少、速度大小等混淆。因此，在教学加速度概念时，运用概念形成教学模式进行教学，能够较有效地达成本节的教学目标。

加速度概念学习的内部条件是：学生必须能够辨别能反映速度变化快慢的物理量的正、反例。加速度概念学习的外部条件是：① 教师创设情景，让学生感受能反映速度变化快慢的物理量的正、反例，并假设 $a=\frac{\Delta v}{t}=\frac{v_1-v_0}{t}$ 能反映速度变化快慢。② 学生必须能够从数据分析和教师指导当中获得反馈信息，以检验 $a=\frac{\Delta v}{t}=\frac{v_1-v_0}{t}$ 能反映速度变化快慢的假设是否正确。③ 教师提供适当的练习，分析速度大小、速度变化多少与速度变化快慢的区别和联系，并给予矫正性反馈。

第一步：创设情景，让学生感受能反映速度变化快慢的物理量的正、反例，如表 7-1 所示。

表 7-1　速度变化快慢的物理量

运动物体	起步（或者减速）时间 t/s	初速度 v_0/（m·s^{-1}）	末速度 v_t/（m·s^{-1}）	速度变化多少 Δv/（m·s^{-1}）	比较速度变化多少	速度变化快慢 $\frac{\Delta v}{t}$/（m·s^{-2}）	比较速度变化快慢
某个学生起跑	1	0	5	5	最少	5	最快
自行车起步	9	0	15	15	较少	1.7	较快
高速列车起步	265	0	69.4	69.4	多	0.26	慢
运动员冲刺	5	10	0	−10	比自行车少	−2	比自行车快

表中第 2 列至第 4 列的数据由教师呈现，学生根据教师提供的几种运动的初速度和末速度的大小，计算第 5 列至第 7 列的数据。根据数据分析和教师指导，假设 $a=\frac{\Delta v}{t}=\frac{v_1-v_0}{t}$ 能反映速度变化快慢。进一步反思表中数据，验证 $a=\frac{\Delta v}{t}=\frac{v_1-v_0}{t}$ 能反映速度变化快慢。对 $a=\frac{\Delta v}{t}=\frac{v_1-v_0}{t}$ 进行定义，并阐明加速度的单位、方向、大小计算方法等。最后，教师提供适当的练习，分析速度大小、速度变化多少与速度变化快慢的异同，并给予矫正性反馈。

三、高中物理概念教学的创新策略

（一）充分发挥课堂教学作用，促进学生形成物理观念

课堂教学是教师传播物理知识的主要阵地，也是学生获取物理知识的主要途径。如果课堂教学的主渠道作用能够得到充分的发挥，对促进学生形成物理观念有着极其重要的意义。如何更好地发挥课堂教学的作用，笔者认为可以从以下两个方面入手。

1. 注重物理学史教学

教科书上的科学结论固然重要，但概念产生的历程也蕴含着丰富的教育意义，以观念构建导向的物理概念教学中，教师可以根据教学内容适当地选取物理学史，为学生提供真实的感性材料，带领学生乘坐“时光机”，感受从古至今科学发现过程的曲折，了解物理概念形成过程中有关的思想、观点和方法。例如，在动量的教学中，教师可以从生活中的碰撞问题开始，学生会在已有的知识基础上采取牛顿运动定律来解答，但学生会发现，这类问题采用牛顿运动定律解释会很复杂。教师可以带领学生切实感受动量概念建立过程中科学家的思考及为此所做的努力，进一步感受运动、能量之间的联系。

2. 创设原始物理问题情境，实现物理观念的创新应用

重视物理概念教学是我国的优良传统，但概念教学效能依然低下，其根本原因在于使用“题海战术”。演算是物理学的一部分，但不是最重要的部分，物理学最重要的部分是与现象有关的，因为绝大部分物理知识来源于现象，现象是物理学的根源。然而，教师在教学中给学生提供大量的真实的物理现象是很困难的，因此，教师可以利用原始物理问题给学生提供探索的空间。原始物理问题是指自然界及社会生活生产中未被抽象加工的物理现象的描述。原始物理问题与习题的关系如图 7-4 所示。

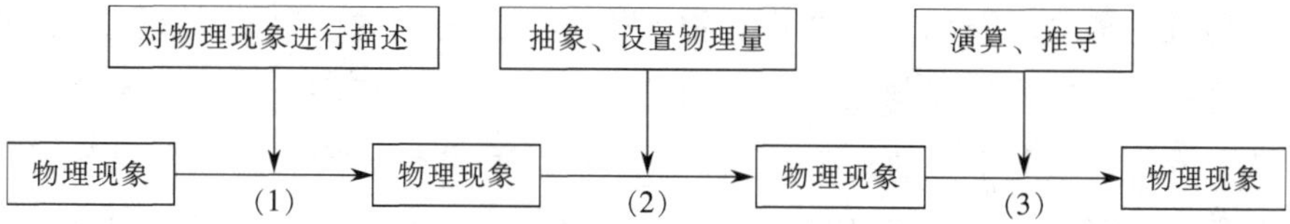

图 7-4　原始物理问题与习题的关系

由此可见，已经抽象出来的习题只是重视了图中（3）这一部分，即学生的推导和演算能力，而原始物理问题只是对真实现象进行了文字描述，学生面对原始物理问题时，需要根据自己所学的知识，抽象出解决问题的理想模型，再设置解决问题所需要的物理量，最后通过推导、演算，实现对问题的解决。由于原始物理问题自身的特点，使它恰好能够弥补习题所带来的不足，它能够让学生在理解概念的基础上，创造性地应用概念去解决实际问题。例如，学生在学习了冲量的概念后，如果仅仅通过做习题来应用概念，学生永远不会思考概念与生活实际有什么关系，学生只会思考怎样将习题中已经抽象出来的物理量用于概念中。如普通的习题：婴儿由成人抱着坐在汽车里很不安全，请计算发生在 0.1 s 的撞车事故中，若撞车前车速为 60 km/h，那么成人需要多大的力才能抱住 10 kg 的婴儿？当学生在解决普通习题的时候，学生只需要找到撞车前后的速度、婴儿质量，直接套公式计算，这样一来，学生并不会对动量、加速度等概念进行思考，当真正在生活中遇到实际问题时，会显得手足无措。但如果教师提供给学生的题目如下：请估计一下，汽车发生的撞车事故中，成人需要多大的力才能抱住婴儿？学生面对这样的原始物理问题，情况就大不相同。因为学生需要解决的是真实的问题。解决这个问题，学生必须在理解动量、加速度等一些概念的基础上，才能抽象出如习题一般的物理模型，再设置出所需的物理量，最后解决问题。

学生直面现实问题，在已有的知识经验基础上，选择应用适当的物理观点、思想方法，设置变量，到问题解决的一系列过程，是实现物理观念创新应用的有效方法。长此以往，学生能够养成一种借助科学方法研究问题的心理定式，对学生物理观念的形成有着重要意义。

（二）转变重概念应用的现状，提高学生的科学思维能力

传统物理概念教学中，教师对物理概念在习题中的应用尤为重视，而物理概念形成的思维过程却被忽视。随着教育改革的不断深入，素质教育要求的不断提高，培养学生的科学思维能力这一教学目标成为教师必须持续思考的问题。教师通过高中物理概念教学提升学生的核心素养，可以从以下几个方面入手：

1. 创设实际问题情境，加强实际问题的科学思维训练

在高中物理概念教学中，教师可以基于学生已有的知识经验，为学生创设真实的问题情境。例如，当教师在讲解时间概念与时刻概念的区别时，由于学生在日常生活中已积累了如乘车、上课和下课等一类的经验，教师便可以从学生已有的生活经验入手，分析时间和时刻的区别。例如，可以将学生常见的火车时刻表展现给学生，让学生分析，这样就能在很大程度上避免抽象问题的出现，也有利于提升学生理论联系实际的能力。

2. 暴露学生的思维过程，有针对性地提高学生的科学思维能力

学生学习能力的差异折射出学生科学思维的差异，培养学生的科学思维能力，是学生学好物理、发展智力和能力的关键突破口。在高中物理概念教学过程中，教师应该关注学生形成概念的思维过程，以学生的认知思维过程为主线进行物理概念教学。此外，教师还应鼓励学生大胆地将思维过程暴露出来，在此基础上，有针对性地去提高学生的科学思维能力。教师在物理概念教学的过程中，应该充分地鼓励学生大胆地表达自己的猜想、质疑，提出问题并探究问题。在这个过程中，教师可以清晰地认识到学生概念形成过程的科学思维，从而有针对性地训练学生的科学思维，提高学生的科学思维素养。

（三）大力加强实验教学，培养学生的实验探究能力

物理学是一门以实验为基础的自然学科，学生在高中阶段的物理学习，是提升自己实验探究能力的主要途径。教师在高中物理概念教学中加强并优化实验探究教学，有利于提高学生的实验探究能力。

1. 优化课堂演示实验，激发学生实验探究兴趣

课堂演示实验是教师根据教学内容，对学生所做的示范实验，将实验过程和实验现象直观地展示给学生，是培养学生观察能力、注意力以及思维能力等的主要途径。在高中物理概念教学中优化课堂演示实验，教师需要注意以下几个方面：首先，教师要提升演示实验的趣味性，尤其是在导入新课阶段，演示实验必须抓住学生的眼球，激发学生对新知识的学习兴趣，引起学生积极思考，从而顺利地导入新课。其次，演示实验一定要选取比较简单的器材，各种废弃物都可能是演示实验的好材料，通过简单灵

活的演示实验，突出原理，促进概念的形成。最后，演示实验是一种教学的辅助手段，在物理概念教学中插入的演示实验，在时间上不宜太长，并且要对重点和难点的突破有所帮助。例如，在“磁场”这一节中，磁感线的概念是教学的重点和难点，为了更加清晰明了地讲清楚这一概念，教师可以适当地借助演示实验。碎磁屑在磁场力的作用下，在空间形成类似磁感线的分布形状。让学生切实地感受磁场的真实存在和磁感线的分布，再通过小磁针将磁屑在磁场中的受力方向演示出来。教师还可以让学生走上讲台观察，或者协助教师完成实验，以提高学生的学习兴趣和对实验探究的兴趣。

2. 改进学生分组实验，营造学生实验探究氛围

学生分组实验是在教师的指导下，由学生完成的实验。在高中物理概念教学中，学生经历分组实验的整个过程，可以切实体会同学一起合作完成实验的乐趣，学生经历了类似科学家经历实验探究形成概念的过程，可以很好地突破学生学习物理概念的抽象性。但是由于实验过程的复杂性以及灵活性，通常导致分组实验过程中学生乱成一片，很难达到实验效果，要完成实验，分析结果，再得出结论就更难实现。所以，目前高中物理课堂上，几乎没有分组实验。为使高中物理概念教学中分组实验能够得以进行，必须优化课堂分组实验，为学生营造出良好的实验探究氛围。首先，在进行课堂分组实验以前，教师需要提前布置好实验内容，让学生提前做好实验准备（清楚实验内容、明确实验目的等），保证学生在实验过程中不会出现不知所措或乱成一片的现象。其次，教师要为课堂分组实验做好充分的准备，如进行学生的分组、实验仪器的调试等。最后，教师必须提前制定出实验纪律以约束学生有序地进行实验。在物理课堂分组实验中，纪律的好坏直接决定着课堂的质量。成功地完成课堂分组实验，不仅能给学生留下深刻的印象，还能让学生形成良好的实验习惯，培养学生的实验探究素养。

（四）积极开展课内活动，促进学生形成正确的科学态度与责任

物理概念教学中，适当地设置课内活动是促进学生形成正确的科学态度与责任的重要方式。与教师的讲授过程相比，课内活动具有更大的灵活性和

选择性。

1. 设置课内趣味实验

在物理概念教学过程中，教师可以根据学生已有的知识经验，设计简单有趣的物理小实验作为教学引入，或者在课后留几分钟让学生根据所学知识完成一些趣味小实验，或者分析生活中一些神奇的现象。例如，让学生完成“喷气火箭”以引出反冲的概念；或在给学生讲授惯性概念后，让学生分组合作完成“飞机投弹”实验，让学生感受惯性。通过简单的趣味小实验，促进学生更好地理解物理概念的本质。

2. 组织课堂自由讲

在物理概念教学中，教师可以抽出一定的时间，组织学生自由讲述物理概念与实际生产生活之间的联系，突出知识的实用性。物理学是一门实用性科学，与工业和农业生产、日常生活都有着密切的联系，并且对社会的变革、科学技术的发展、人类生存的环境都产生着重大影响。教师可以安排学生在课前通过查阅资料、相互交流等方式积累知识，在课堂上适当的时段也可以组织学生自由发言表达，引导他们收集概念与生产生活之间的相互联系的原始资料。在这个过程中，学生能够更好地理解科学、技术、社会、环境之间的联系。

3. 指导学生阅读科普读物

除了教给学生教材上的物理概念，教师还可以根据学生已有的知识经验，让学生选择适当的科普读物，安排一定的时间组织学生阅读。科普读物的阅读是让学生了解科学技术发展变革新动向的最佳途径。通过让学生阅读科普读物，不仅能拓宽学生的视野，还能让学生加深对科学本质及科学、技术、社会、环境之间联系的理解，增强学生对科学的敬畏之心。教师还可以适当地设置“知识回答”等课堂小活动，增强学生的阅读兴趣，促进学生形成正确的科学态度和责任感。

在高中物理概念教学中，教师可以从认知出发，让学生正确认识科学、理解科学，将认识内化，形成正确的科学态度与责任感。最后，随着时间的推移，学生将内化的认识与情感切实地外显出来，在行为上体现出科学态度与责任。

四、物理概念教学实践

（一）“弹力”概念教学设计

教材分析：“弹力”一节内容选自教科版高中物理必修1第二章第三节。学习该内容之前，学生已对弹力有了初步的了解，并形成了力和重力的概念，具有力的三要素、施力物体和受力物体等知识的前概念。

教材从物体的形变切入，通过两个简单的例子，直接给出弹性形变与塑性形变；再通过四张日常生活实例的图片得出弹力的定义；接着通过作弹力的图示来体现弹力的三要素；最后由习题来感受弹力概念与日常生活的间接联系。

弹力作为整个力学的一大支柱，在学生之后学习受力分析、牛顿定律等知识时都扮演着重要角色，因此，在高中物理教学中，弹力的学习是基础，也是培养学生核心素养的重要部分。为提高物理概念教学的效能、提升学生的核心素养，笔者在教材的基础上进行再创新、再挖掘，形成核心素养导向下的教学设计。

1. 教学目标

对物理观念有所理解：① 知道形变。② 形成弹力的概念。

形成弹力相关的科学思维：① 了解弹力的形成过程，分析弹力形成的原因和条件。② 论证生活中的弹力，并能够建构出弹力的模型。

通过实验探究感受力的作用：① 通过课堂演示实验，感受微小形变，掌握放大法。② 通过学生实验，解释力的三要素。

养成科学态度与责任：① 通过真实的课堂实验，让学生形成严谨的科学态度。② 与生活实际紧密联系，让学生充分感受科学与生活联系的科学本质。

2. 教学的重点与难点

教学重点：① 确定弹力产生的原因和条件。② 判断弹力的方向。

教学难点：① 判断弹力的有无。② 判断弹力的方向。

3. 教学方法及仪器

教学方法：观察法、放大法、讲授法、实验法、启发式教学法、探究式教学法。

教学仪器：多媒体、弹簧、白纸、橡皮筋、气球、玻璃瓶、发夹等。

4. 设计思路

根据高一学生对事物有较强的认知欲望，多数学生的形象思维能力较强，但逻辑思维和抽象思维能力有待加强的特点，充分利用身边奇妙简单的生活实例进行引入，激发学生的好奇心。通过演示实验以及分组实验引发学生思考，并引导学生形成弹力的概念，分析弹力的形成原因和条件。通过与之前知识的结合，引导学生对弹力三要素进行推导。整个过程充分调动学生的思维，培养了学生的核心素养。

（二）“弹力”概念教学案例分析

本教学设计在三个不同层次的高一班级进行了教学实践。笔者从课堂感受和课后访谈两方面对教学过程进行分析。主要从物理学科核心素养的四个方面分析了教学突破和教学过程中存在的不足。

1. 教学突破

“弹力”一节的教学设计与传统教学相比有以下四点教学突破。

第一，在培养学生物理观念素养上，采用在学生已有的知识经验基础上，通过生活实例引发学生积极思考的方式，促进学生形成弹力的概念，为学生培养物理观念打下良好的基础。极具生活性的实验器材体现了朴素的物质观念。

第二，在培养学生实验探究素养上，通过学生分组实验、小组讨论的形式，得出弹力产生的原因和条件。在教师的鼓励下，学生自主发言，向全班同学分享结论，再由各小组一起补充、精炼，最后由老师归纳总结，得出结论。对学生质疑、创新、科学推理素养的培养产生了积极的影响。

第三，在培养学生科学思维素养上，教学过程中形变概念的形成和弹力概念的形成，都以教师的演示实验和学生的分组实验为基础，让学生切实感受概念的形成过程，在一定程度上提高了学生的实验探究素养，同时培养了学生形成概念的科学思维。

第四，在培养学生科学态度与责任素养上，教学采用与生活息息相关的实例，让学生深刻认识科学的本质，实验过程中充分培养学生严谨的科学态度，理解科学、社会、技术与环境的紧密联系，有利于学生提升科学态度与责任素养。

2. 不足之处

受到条件限制和经验不足的影响，实施“弹力”一节概念教学的过程中，存在一些不足之处，通过课后的反思与访问，将不足之处总结为以下五点：

第一，学生分组实验、讨论的时间较长，所以对学生课堂纪律的控制必须严格。因为经验不足，在课堂纪律的管理上有所疏忽，使课堂显得比较混乱。

第二，多维的课堂对学生建构物理模型的能力、抽象概括的能力要求较高，教学过程中必须充分考虑学生已有的水平，在不同层次的班级采取不同的方法。笔者用相同的教学设计、相同的教学形式在不同层次班级中进行实践，使得平行班的学生很难跟上。

第三，实验探究是一个完整的过程，科学探究也不是单一的过程，在学生实验过程中要注重培养学生的实验探究素养。笔者在教学中过于着急地直接给出探究思路，很大程度上削弱了对学生科学思维和实验探究素养的培养。

第四，教学是一个循序渐进的过程，不能一蹴而就。笔者在教学实践过程中忽视了知识与知识之间的过渡与整合，不利于学生构建新旧知识的联系。

第五，整个课堂过于强调物理学科核心素养的培养，削弱了物理概念本身的价值，没有找到合适的平衡点。

第二节　高中物理规律课教学策略

布鲁纳提出的发现学习理论，对教师而言是教学方式，叫发现式教学；对学生而言是学习方法，叫发现学习。发现学习的一般学习程序是：学生根据物理情景中获得的直接经验，将其转变为图像经验，最后在教师的帮助下处理成抽象经验。对应的物理学习程序为：通过实验观察感知物理情景，从而形成物理观念，再根据物理图像形成物理思维，然后在教师的帮助下将物理思维抽象化，构建物理知识，最终达到培养学生的物理学科核心素养的目标。

高中物理是一门由许许多多概念和规律组成的基础课程，而很多复杂物理规律的表达却非常简洁。有的用一两句话进行概括，比如牛顿第一定律和楞次定律；有的用一个公式进行阐述，比如法拉第电磁感应定律和牛顿第二定律；有的物理规律需要学生根据已知的规律进行推理和演算才能得到，比如平抛运动的两个推论和等时圆模型等。这就给学生的学习和理解造成了极大的困扰，学生理解和应用这些规律时产生了很多思维障碍，导致学生学习物理规律的效果很不理想。造成这种状况的原因很多，笔者认为，很大一部分原因是教师在进行规律教学时忽略了规律教学的特点，忽视了物理规律的发现过程，也就是忽视了物理核心素养中科学探究的过程。长此以往，学生在进行物理规律学习时会很混乱，没有方向和方法，不利于学生科学探究这个关键能力的培养。

一、核心素养导向下物理规律课教学实践

以讲解牛顿第三定律中作用力与反作用力的规律为例，对比说明常规规律课教学模式和核心素养导向下教学模式的不同，以及在前一种教学模式下，如何让学生形成物理核心素养。

常规教学中，教师在讲解作用力和反作用力的大小和方向的规律时，教学流程通常如下：① 教师列举真实案例，解释物体之间可以相互作用。② 设置两个相同的弹簧秤，并进行对拉实验，教师讲解相互作用力的大小以及方向。③ 教师进行总结，并得出牛顿第三定律。

只凭借简单的讲解，学生能否真正地深入了解和掌握相关知识？这种教学方法直接得出结论，不利于培养学生的科学思维。牛顿第三定律这节内容是培养学生形成物理核心素养的非常好的教学素材，它能够建立相互作用以及运动的观念，还可以对后面的学习起到铺垫作用。

掌握这个概念后，对于受力复杂的物体，可以将该物体所受到的力等效到与其相互作用的另一物体上，并进行受力分析，这样可以简化问题。以下是笔者在物理核心素养指导下进行牛顿第三定律的教学片段。

1. 猜想假设

相互作用的一对力，虽然方向相反，但大小可能相等。

2. 实验探究

学生设计操作，小组进行沟通后，决定选择两只弹簧秤对拉进行实验。

交流过程中，大部分学生将弹簧秤水平放置，但有一部分学生选择竖直或者斜向摆放。结果得出两个力是相等的。教师也认同这样的做法。还有学生发现，在读取两只弹簧秤的数值时存在不相等的情况。此时，教师可以让学生自行分析为何会出现这种现象。

有学生提出使用第三只弹簧秤，即等效替代。在进行实际操作后，问题得到了解决。但是实验就到此结束了吗？结论合理吗？学生试图在非均衡的状态下进行实验，但是读取数值较为困难。教师使用传感器进行演示，发现力之间的相互作用和运动状态不存在任何关系。

3. 本节课亮点

① 学生做了弹簧秤竖直或斜向摆放的实验，培养了学生收集信息以及证据的能力。

② 通过上述实验，培养了学生实事求是的精神。

③ 针对读数出现不准确的现象，学生提出解决方案。实验提升了学生质疑、批判的精神，并提出创造性见解。

④ 学生试图做非均衡状态时的实验，虽然难以获取读数，但强化了学生获取证据的意识，体现了科学探究的本质。

二、核心素养导向下物理规律课教学策略

（一）引导学生重现发现规律的情景

所有的物理规律，都是人类在不断地实验研究中总结出来的。一方面，它蕴含科学价值，是人类思维进步的标志；另一方面，它蕴含文化价值，彰显了物理学家极高的专业素养。倘若教师在物理规律教学期间，通过创设情境引导学生沿着前人的研究足迹去发现规律，一方面，可以丰富学生的思维，有助于科学思维的培养；另一方面，能够让学生更为深刻地认识到事物的本质，巩固对知识的理解与记忆，同时有助于强化学生的核心素养。

以牛顿第一定律为例，在开始教学之前，先是要求学生对实验进行仔细的观察，同时回忆日常生活中的常见现象：推车的时候如果用力，那么车子就会移动；倘若放弃用力，那么车子就会慢慢停止。引导学生主动去分析上述现象，进而思考并总结出结论：物体在受力的情况下才可以运动，如果将

力撤回，那么物体就会静止。随后，引导学生做出假设：物体之所以静止，主要是受摩擦力的影响。同时借助实验加以验证：在接触面粗糙程度不同的情况下，摩擦力越小，物体前进的距离越远。此时，教师开始讲解伽利略的理想实验，并引导学生再次做出假设：倘若不存在摩擦，物体在力的作用下将会长久地运动。按照“观察—假设－实验－假设－理想实验－合理外推－发现规律”的过程，引导学生从中获取发现规律的方法，意识到物理实验以及逻辑思维的重要性。

（二）培养学生的“识物”与“树理”能力

中学物理强调以“物”明“理”，学生对知识点的理解绝大多数来源于实验，他们的直观感知与形成的概念呈正相关。所以，开设实验课程并进行观察是物理教学的有效手段。对于物理教师来说，应重视“物”“理”之间的联系，并以此来开展教学，通过强化学生的核心素养，进而清晰地掌握“物”中之“理”。

第一，“识物”，即观察实验。思维的产生来源于观察，在进行实验之前应询问学生：实验的目的是什么？应怎样进行？这样有助于良好习惯的养成。在实验期间，要求学生做到仔细观察，有助于强化他们的观察能力，进而保证实验成功率。注重手、眼、脑的并用，在动手实验的时候，要用眼去仔细地观察，同时用脑去分析与思考，绝不放过实验的任一环节，尽可能地减少误差。

第二，“树理”，即加工思维。通过对规律进行抽象的概括与归纳，让学生懂得如何去做，还要让他们知道这么做的目的。一方面，丰富了学生的学识；另一方面，培养了学生的核心素养，进而掌握新的学习方法。在“识物”期间，学生肉眼观察到的所有物理现象，均是由纵横交错的各类因素构成。为了让学生掌握事物的本质、特征、内在关联，应引导他们将感性认知转化为理性认知，依托分析与综合、归纳与演绎来实现现象与本质的分离，同时总结出规律，论述出它的物理意义与适用范围。

（三）培养学生的“用理”与“串理”能力

“识物”与“树理”是教师培养学生认知能力的第一阶段。为了进一步提升学生的认知能力，还需从“用理”与“串理”着手。在“树理”阶段，学生对知识点的理解不够深入，或者理解比较片面。此时，教师应该做到心中有数，根据学生的理解程度来设计针对性较强的例题与习题。通过举一反三，逐步强化学生的分析、解题能力，进而领会物理概念与规律。为了进一步加深理解，作为教师，还应该了解学生真实的水平，结合他们的不足来开展相应的强化训练，如设计一些具有代表性的习题供学生作答，进而让他们在作答中暴露出自己的不足，从而起到领悟道理、加深印象的目的，该阶段便是“用理”。在此阶段，学生通常都能够熟练背诵物理规律，但在处理问题时，常出现“张冠李戴”的现象，之所以会造成此种局面，主要是未能培养学生分析与处理问题的能力。教师往往对学生缺乏举一反三的能力而苦恼，但不可否认的是，教学唯有保证“一”的质量，才可以将学生的“三”激发出来。从某种意义上讲，“一”强调的便是问题的分析与处理能力。“用理”与“串理”是引导学生将知识精简压缩的过程，将书本中海量的知识点进行有针对性的精简压缩，牢记物理规律间的差异与关联。学生只有达到提纲挈领的境界，才能够做到将知识为我所用，持续强化自身的核心素养。

第三节　高中物理实验课教学策略

物理实验教学是物理教学的重要组成部分，也是最能培养学生创造力和发散思维能力的教学内容。新课改要求以学生全面发展为核心，而实验课就是让学生形成良好的科学态度、学会科学的研究方法的最好课堂，所以要落实物理核心素养的要求，必须重视物理实验课的教学。

一、物理实验课教学与物理核心素养的联系

（一）通过物理实验教学，能够强化学生的动手实践能力

物理学作为自然学科，是围绕物质运动的规律、结构开展的相关探索与研究。实验在物理中发挥着不可或缺的关键性作用，围绕“物”开展实验、分析，进而总结出“理”。就物理教师而言，应根据教学内容与实际情况，开

展有目的性的问题设计，通过学生的分析与探究，找出处理问题的正确方法。在处理问题期间，学生可以运用自身所学的知识，也可以翻阅有关资料，进而在分析中找出处理问题的方案。物理实验教学，一方面能够培养学生的动手实践能力，另一方面有助于学生分析、探究能力的培养。物理一旦离开实验的支撑，那么所有的知识都将是纸上谈兵，不利于学生对物理知识的理解与掌握，也不利于学生实践能力的培养。鉴于此，物理教师应将重心放置在发散思维与创新能力的培养上，通过有效的方式引导学生参与实验，培养学生的兴趣，进而在实验中强化学生的实践能力，在知识点得以验证与巩固的同时，体会实验的乐趣。

（二）通过物理实验教学，可以培养学生的科学探究能力

随着新课改的深入落实，对物理教学提出了新的要求。通过实验课程，可以逐步培养学生的分析、探究能力，从而获得新的知识与研究方法。教师应将物理教材作为基础，结合实验来开展教学，这样能够起到事半功倍的成效。具体来说，在实验教学期间，要求学生根据教学内容进行相关操作，培养他们的实践能力，而教师发挥适时引导的作用，对一些错误操作与问题及时进行指正。针对问题出现频率较大的环节，可以进行针对性的反复实验，以起到巩固与强化理解的作用。通过此种方式，一方面能够激发学生对物理的兴趣，另一方面有助于强化他们的分析与探究能力。

（三）依托物理实验教学，能够锻炼学生的创新能力

在物理实验教学中，教师应结合教学内容与现有资源，引导学生参与实验，培养他们的创造力与想象力。以串、并联电路的教学为例，在开始教学之前，物理教师应准备相关器材，如电路元件、电池等，然后要求学生自行进行实验，并做好相关记录。针对学生在实验期间出现的问题，教师应及时纠正。通过实验，学生能够掌握多种串、并联的方法，在提高整体教学质量的同时，培养了学生的发散思维与创造能力。

（四）通过物理实验教学，可以使学生形成正确的科学态度

在物理实验中，稍有偏差便可能影响最终的结论，因此，在开展实验教

学期间，教师应想方设法地引导学生重视实验，要求学生以严谨的态度来完成实验操作，并及时记录观察到的现象，强化对知识点的理解。教师应发挥行为导向作用，特别注意自己的言行。每一堂课，教师都应全身心投入，向学生进行实验演示。教师要拥有极高的职业素养，围绕学生全面成长来开展教学。在教学期间，教师不应一味地讲解教材中的内容，还应结合实际，围绕现实中涉及物理方面的知识进行讲解，从而达到培养学生兴趣的目的。如此一来，一方面可以帮助学生积累物理知识，另一方面可以丰富学生对自然现象的认知，并知晓产生的原因。另外，教师可以以小组的形式组织实验，要求学生做好相关记录，包括观察到的现象、数据等，还要要求学生总结实验结论。小组间的探讨与交流，有助于培养学生的团队意识，还有助于开拓思路，提升自我。针对表现出色的小组，教师应予以表扬，同时告诫学生保持良好的心态与严谨的态度，这样有助于营造良好的竞争氛围。

二、核心素养导向下物理实验课教学实践

以“验证加速度与质量和力的关系”这一节实验课为例。

常规教学时，讲理论知识就要两节课，分组实验也要一节课，加上讲习题又要一节课。目前我所了解的高中物理课，一般是一周4～6节课，所以很多教师担心进度问题，就直接讲实验。其中一个关于平衡摩擦力的教学过程如下：① 教师讲解平衡摩擦力的目的；② 教师讲解平衡摩擦力的原理和摩擦力已经被平衡的标志；③ 教师讲解平衡摩擦力的操作。

这样讲实验存在什么问题呢？首先，这样讲实验，忽视了启迪思维的过程，不利于学生科学思维的形成。其次，忽视了学生在教学中的主体地位，学生完全没有参与到实验中来，对学生进行科学探究的热情起到了消极的作用，会导致学生失去对实验现象进行追本溯源的科学探究的情感需求。

笔者认为，关于平衡摩擦力的教学是本节的关键，如果上好这部分内容，不仅可以培养学生的动手能力，还可以培养学生的科学探究能力，有助于学生形成正确的科学思维方式。

笔者尝试的关于平衡摩擦力的教学过程如下：① 提出问题：如何让绳子的拉力被认为是小车受到的合力？② 给出实验器材，不加以提示，让学

生小组讨论如何进行实验操作。③ 学生在没有教师指导的情况下，得到实验数据，通过图像法处理实验数据并得到初步结论，发现拉力和加速度并不成正比（之前猜想过），而是一次函数关系，F-a 的图像与横轴（a 轴）有一个不为零的交点。④ 小组讨论，分析 F-a 的图像与横轴的交点产生的原因，得到存在摩擦力和空气阻力的结论。⑤ 解决问题，让学生利用身边的器材去减小摩擦力和空气阻力的影响。⑥ 教师帮助学生寻找平衡摩擦力的原理与标志，以及是否要多次进行平衡摩擦力的操作。⑦ 再次实验，进而让学生分析平衡摩擦力不足或者平衡摩擦力过度时的情形。⑧ 得出结论。学生通过自我小结，总结出平衡摩擦力的原因和技巧，以及什么时候需要平衡摩擦力等。

三、核心素养导向下物理实验课教学策略

在物理教学中，物理实验的重要性不言而喻，教师应当依托多样化的教学模式，培养学生的核心素养。

（一）优化实验教学模式，注重学生核心素养的培养

传统物理实验强调的是验证，随着新课改的深入推进，应改变传统思维，物理实验应向探究性实验转变。探究性实验具有两个方面的优势：其一，有效规避了学生不经思考便直接引用教材中结论的情况的发生；其二，增加了挑战力，容易刺激学生的参与兴趣。教师创新教学模式尤为重要。在开展实验教学期间，教师要结合学生的实际情况以及教学内容，有针对性地对教学模式做出调整。以“自由落体运动的探究”为例，在教材中，通常已经注明了物体的重力加速度的数值，这对于培养学生的思考与探究能力是不利的。如果转换思路，从学生心理需求出发，那么一方面可以激发他们的参与兴趣，确保实验教学的顺利开展，另一方面可以促进学生核心素养的提升。

（二）重视物理思维的引导，循序渐进地提升学生的核心素养

学科不同，思维方式便存在差异。对于物理学科来说，强化学生的核心素养，首先要培养学生的物理思维，通过理论知识与动手实践来强化理解与记忆，在享受实验乐趣的同时，领会实验探究的价值与意义。例如，在“导

线电阻与哪些因素相关”的教学中，教师可以通过控制变量法（如调整电阻率等）来引导学生掌握正确的思路，这不仅有助于探究性实验的顺利开展，还有助于培养学生的核心素养。

（三）引导学生保持严谨的态度，进而强化学生的核心素养

严谨的态度是实验成功的保障，而教师在其中发挥着引导性作用。在物理实验开始之前，教师应把注意事项详细地陈述给学生。例如，在需要用到电流表的实验中，学生如果对注意事项没有引起重视，那么极有可能会因为电阻值偏低而造成电流表的破坏，不仅浪费资源，最关键的是，不利于核心素养的培养。由此可见，引导学生养成严谨的态度，能够对学生产生一定的约束作用，通过改正他们的马虎等不良行为，确保教学的质量与成效。

随着新课改的落实，学科素养逐渐被重视，并纳入教学目标。核心素养导向下的物理实验教学，一方面提升了学生对物理的思想认知，另一方面强化了学生的实践与创新能力。

参考文献

［1］丁洋．高中物理教科书中科学素养主题的研究［D］．南京：南京师范大学，2015.

［2］窦瑾．中学物理教学设计［M］．长春：东北师范大学出版社，2018.

［3］官文栎．走进高中物理教学现场［M］．北京：首都师范大学出版社，2008.

［4］郭帅．基于核心素养下物理学史和高中物理教学相结合的实践研究［D］．哈尔滨：哈尔滨师范大学，2018.

［5］胡蕾．高中物理力学问题表征研究［D］．重庆：重庆师范大学，2018.

［6］姜红，朱美霞．关于创新实验设计，培养高中生的物理核心素养的探讨［J］．中学课程辅导：教师通讯，2019（6）：85.

［7］焦祖卿，吕勤．让教学更开放［M］．重庆：西南师范大学出版社，2011.

［8］晋文梅．高中物理教学中培养学生物理学科核心素养的探索与实践［J］．中学物理（高中版），2018，36（10）：35-38.

［9］靳玉乐，张铭凯，郑鑫．核心素养及其培育［M］．南京：江苏人民出版社，2018.

［10］寇祥亮．现代物理教学与反思［M］．成都：电子科技大学出版社，2016.

［11］李明．高中物理教学中科学思维的培养策略［J］．新智慧，2022（24）：115-117.

［12］刘童童，郑海荣．优化物理教学 培养核心素养［J］．中学物理（高中版），2018，36（5）：36-38.

[13] 刘晓彤. 基于物理核心素养的高中物理教学设计研究 [D]. 大连：辽宁师范大学，2018.
[14] 刘玉霞. 浅谈中学物理概念教学策略 [J]. 黑龙江史志，2010 (21)：208＋215.
[15] 卢尚建. 高中物理课堂有效教学研究 [M]. 兰州：甘肃教育出版社，2013.
[16] 陆永华. 基于物理学科素养的高中物理电磁感应教学研究 [D]. 苏州：苏州大学，2016.
[17] 罗莹. 物理核心素养研究：物理知识与物理观念 [J]. 物理教师，2018，39 (6)：2-6.
[18] 庞茜. 基于核心素养培养下高中物理教学实践研究 [D]. 成都：四川师范大学，2017.
[19] 孙方明. 科学发展史 [M]. 郑州：郑州大学出版社，2006.
[20] 谭孝君，王影，齐丽新，等. 物理教学模式与视角创新 [M]. 长春：吉林人民出版社，2017.
[21] 王从戎. 物理课教学设计经典案例研究 [M]. 武汉：武汉大学出版社，2015.
[22] 王冬梅. 基于核心素养的物理概念教学实践——以《电动势》建模为例 [J]. 新智慧，2018 (12)：2-4.
[23] 王浩，何全瑛，赵广义. 基于核心素养的物理学科能力探究 [M]. 长春：吉林人民出版社，2020.
[24] 王江明. 学科核心素养对高一学生物理观念转变的影响 [D]. 哈尔滨：哈尔滨师范大学，2017.
[25] 邬云文. 中学物理教学理论与方法 [M]. 北京：北京邮电大学出版社，2017.
[26] 吴红耘. 皮连生. 任务分析与教师的教学技能成长 [J]. 心理科学，2004，27 (1)：66-68.
[27] 夏丽. 关于多维度地设计高中物理作业的几点思考 [J]. 中学物理教学参考，2012 (12)：40-43.
[28] 谢世雄. 物理文化与教育 [M]. 北京：科学出版社，2009.

[29] 邢红军. 原始物理问题教学研究 [M]. 北京：北京师范大学出版社，2017.

[30] 胥平儿. 高中物理自主学习的理论分析及模式研究 [J]. 学周刊，2021 (21)：47-48.

[31] 徐成华. 高中物理教学研究 [M]. 上海：上海社会科学院出版社，2017.

[32] 杨春辉. 在高中物理教学中构建自主学习模式的策略研究 [J]. 天天爱科学（教育前沿），2021 (11)：115-116.

[33] 杨小用. 高中物理电学实验教学方法的创新策略探究 [J]. 高中生学习，2018 (11)：222.

[34] 姚跃涌. 高中物理概念教学方法策略与案例研究 [M]. 广州：广东高等教育出版社，2016.

[35] 于漪. 涌动生命的课堂 [M]. 太原：山西人民出版社，2011.

[36] 余文森. 有效教学十讲 [M]. 上海：华东师范大学出版社，2009.

[37] 余友煌. 落实物理学科核心素养的高效高中物理课堂实践 [J]. 考试周刊，2019 (34)：171.

[38] 袁令民，王俊民，帅晓红，等. 核心素养导向的高中物理课堂教学重构 [M]. 北京：高等教育出版社，2022.

[39] 张艳香，韩艳华. 提升物理教师教学设计能力的策略研究 [J]. 吉林省教育学院学报，2020，36 (09)：18-21.

[40] 周上游. 物理实验教学探索 [M]. 上海：上海社会科学院出版社，2013.